KNUT KRÜGER

FUSSBALL FÜR ALLE!

Fairplay, coole Facts und echte Vorbilder

KNUT KRÜGER

FUSSBALL
FÜR ALLE!

Fairplay, coole Facts und echte Vorbilder

Mit Illustrationen
von Timo Grubing

cbj

Penguin Random House Verlagsgruppe FSC® N001967

1. Auflage 2024
© 2024 cbj Kinder- und Jugendbuchverlag
in der Penguin Random House Verlagsgruppe GmbH,
Neumarkter Straße 28, 81673 München
Alle Rechte vorbehalten
Illustrationen: Timo Grubing
Lektorat: Christiane Rittershausen
Umschlaggestaltung: Guter Punkt GmbH & Co. KG
unter Verwendung einer Illustration von Timo Grubing sowie Motiven
von iStockphoto (lumyaisweet) und AdobeStock.com (Denchik)
aw · Herstellung: uk
Satz: GGP Media GmbH, Pößneck
Druck: Alföldi Nyomda Zrt., Debrecen
ISBN 978-3-570-18142-3
Printed in Hungary

www.cbj-verlag.de

Inhalt

»Die Liebe zum Fußball verbindet uns alle. Egal, wo wir herkommen, wie wir aussehen und wen wir lieben. Fußball ist für alle da. Und der Fußball muss für alle da sein, die sich diskriminiert und ausgeschlossen fühlen, überall auf der Welt.«

Manuel Neuer

Fairplay

Viertelfinale der Champions League 2017/18, Juventus Turin – Real Madrid

In der 63. Spielminute schlägt Real-Verteidiger Marcelo einen langen Ball nach vorne. Cristiano Ronaldo nutzt ein Missverständnis der beiden Juve-Legenden Gianluigi Buffon und Giorgio Chiellini und legt zurück auf seinen Mannschaftskameraden Lucas Vázquez. Dessen Schuss aus 16 Metern kann Buffon gerade noch abwehren, doch Sekunden später segelt eine Flanke von Daniel Carvajal in den Strafraum. Cristiano Ronaldo steht mit dem Rücken zum Tor, legt sich artistisch in die Luft und wuchtet den Ball per Fallrückzieher in die Maschen. Dem italienischen Keeper, der dem Ball ungläubig hinterherblickt, bleibt keine Abwehrchance.

Cristiano Ronaldo bezeichnete dieses Traumtor später als den schönsten Treffer in seiner Karriere. Was diesen aber so einzigartig macht, ist die Reaktion der Juve-Fans auf der Tribüne: In einer Mischung aus Staunen und Bewunderung erheben sich die Tifosi (so nennt man die italienischen Fans) von ihren Sitzen und fangen an zu klatschen. Schließlich steht das ganze Stadion und huldigt dem Real-Spieler Ronaldo für seine spektakuläre Leistung.

»Ich hatte nicht erwartet, dieses Tor zu machen. Für mich war es ein unglaublicher Moment, als das ganze Stadion für mich aufgestanden ist. Ich muss den Juventus-Fans danken. Was sie für mich gemacht haben, ist unglaublich. Das ist mir in meiner bisherigen Karriere noch nie passiert.«

Cristiano Ronaldo

Wann ist es jemals vorgekommen, dass ein Fußballprofi von gegnerischen Fans gefeiert wird? Man könnte aber auch fragen: Warum kommt das nicht viel öfter vor?

Dass die Fans* das eigene Team unterstützen und anfeuern, ist selbstverständlich. Dazu sind sie ja schließlich da, könnte man sagen. Aber ist es auch selbstverständlich, dass dieselben Fans das gegnerische Team auspfeifen und beschimpfen? Dass sie aggressive Parolen skandieren und herabsetzende Lieder singen? Natürlich nicht! Warum passiert es dann trotzdem ständig?

> * Das Wort »Fan« kommt übrigens aus dem Englischen und ist die Kurzform von *fanatic* = fanatisch. Klingt eigentlich nicht sehr schmeichelhaft, oder?

> »Fairplay bedeutet, auch ohne feststehende Regeln fair zu handeln. Das gilt nicht nur gegenüber Gegner und Schiedsrichter*in, sondern auch gegenüber Mitspieler*innen und Trainer*in.«
> *Definition des DFB*

Auch im Amateur- und im Jugendfußball wird oft nicht gerade freundlich miteinander umgegangen. Da wird an der Seitenlinie von Anhängern, Trainern, Freunden und Verwandten geschimpft und gepöbelt, dass einem die Ohren glühen. Ich könnte jetzt locker zwanzig Beschimpfungen und Beleidigungen aufzählen, die man beim Fußball regelmäßig zu hören bekommt, aber das lasse ich lieber. Platzverschwendung! Du weißt auch so, wovon ich rede.

Klar, Fußball ist ein Wettkampfsport, in dem es ganz schön zur Sache geht. Und wir alle lassen uns gern von den Emotionen mitreißen, die bei Spielern und Zuschauern selbstverständlich dazugehören.

Doch es gibt eine Grenze zwischen dem, was in Ordnung ist, und was nicht. Auf beiden Seiten. Diese Grenze heißt Fairplay.

Eigentlich ist es gar nicht schwer, diese Grenze zu ziehen. Die allermeisten von uns wissen sehr genau, wie man sich als Spieler oder als Zuschauer verhalten sollte. Was man tut und was man nicht tut. Was gerecht ist und was nicht. Doch im Eifer des Gefechts kann man schon mal übers Ziel hinausschießen oder sich zu einem Verhalten hinreißen lassen, das man eigentlich ablehnt.

Stell dir vor, ...

... du gehst mit deinem großen Bruder und ein paar Freunden von ihm zu einem Fußballspiel. Zu Beginn ist die Atmosphäre auf der Tribüne entspannt und das Spiel ausgeglichen. Doch die Stimmung kippt, als eurem Team ein klarer Elfmeter verweigert wird. Alle um dich herum springen auf und fordern einen Strafstoß. Ganz genau gesehen hast du die Szene nicht und der Strafraum ist ziemlich weit weg, aber natürlich findest auch du, dass es Elfmeter hätte geben müssen. Ein paar Zuschauer beschimpfen den Schiedsrichter, rufen »Blinder« und »Schieber«.

Kurz darauf wird eurer Mittelstürmer im Strafraum gefoult und wälzt sich am Boden. Erneut lässt der Schiedsrichter das Spiel weiterlaufen. Die Zuschauer auf der Tribüne sind jetzt außer Rand und Band. Auch die Freunde deines Bruders schimpfen und fluchen, was das Zeug hält. Der Spieler, der das Foul begangen hat, ist dunkelhäutig. Jedes Mal, wenn er an den Ball kommt, hallen jetzt Affengeräusche durchs Stadion. Auch zwei Freunde deines Bruders machen »Uh-uh-uh« und wollen, dass du mitmachst. Einer haut dir auffordernd auf die Schultern und spielt den Oberaffen. Wie dein Bruder sich verhält, kannst du nicht erkennen, weil er ein paar Plätze weiter sitzt. Du bist hin- und hergerissen. Dir wird heiß und kalt. Du schaust starr nach vorne und tust so, als würdest du dich auf das Spiel konzentrieren.

Es mag vielleicht merkwürdig klingen, aber dass du dich in dieser Situation so unwohl fühlst, ist ein gutes Zeichen. Du willst da einfach nicht mitmachen, obwohl die Freunde deines Bruders dich dafür feiern würden. In jeder anderen Situation wärst du stolz darauf, wenn sie dich als einen von ihnen betrachten würden. Als einen Freund und Verbündeten. Sie können ja nicht wissen, dass du fast mitgemacht hättest, aber nur fast. Jetzt bist du ein bisschen stolz darauf, dass du es gelassen hast.

Und du weißt auch genau, wie man so ein Verhalten nennt, das du an diesem Tag im Stadion erlebt hast: Rassismus.

> Menschen aufgrund ihrer Herkunft, ihres Aussehens, ihres Namens oder ihrer Kultur abzuwerten und zu beleidigen, ist **Rassismus**. In Deutschland betrifft das vor allem nichtweiße Menschen, die als vermeintlich nicht zugehörig betrachtet werden.

Auf den alltäglichen Rassismus in deutschen Stadien und was man dagegen tun kann, werden wir später noch zurückkommen.

Unsere Beispielgeschichte zeigt zwei Dinge. Zum einen, dass sich Menschen in der Gruppe oft anders verhalten als allein. Und zum anderen, dass es sehr schwierig ist, sich dem Druck der Gruppe zu widersetzen. Sich eben nicht zu Dingen hinreißen zu lassen, die man eigentlich nicht will.

Doch eines steht fest: **Wir entscheiden selbst darüber, wie wir uns verhalten. Jeder Einzelne von uns.**

Die Geschichte von Cristiano Ronaldo ist übrigens noch nicht zu Ende erzählt. Der war vom Jubel der italienischen Fans so beeindruckt, dass er nach neun Jahren bei Real Madrid die spanische Hauptstadt verließ und wohin wechselte? Zu Juventus Turin natürlich.

WM-Viertelfinale 2006, Deutschland – Argentinien:

Nach 120 hart umkämpften Minuten steht es 1 : 1. Der deutsche Torwart Jens Lehmann sitzt im Mittelkreis auf dem Rasen und konzentriert sich auf das Elfmeterschießen, das die Entscheidung bringen wird. Da taucht plötzlich der Ersatzkeeper Oliver Kahn hinter ihm auf, beugt sich zu Lehmann hinunter, umarmt ihn und wünscht ihm viel Glück.

Was man zu dieser Szene wissen muss: Der deutsche Nationaltrainer Jürgen Klinsmann hatte schon zwei Jahre vor der WM einen Konkurrenzkampf um den Platz zwischen den Pfosten ausgerufen. Kahn war der bisherige Stammtorhüter, Lehmann sein Herausforderer. Der Zweikampf der Torhüter hatte die deutsche Öffentlichkeit lange in Atem gehalten, und beide ließen keine Gelegenheit aus, ihren jeweiligen Konkurrenten ein bisschen zu provozieren.

Kurz vor Turnierbeginn dann die Entscheidung: Jens Lehmann war die neue Nummer eins. Oliver Kahn, der die deutsche Elf bei der WM vier Jahre zuvor fast im Alleingang ins Finale gebracht hatte und zum besten Spieler der gesamten WM gewählt worden war, musste sich mit einem Platz auf der Ersatzbank begnügen. Sicher einer der bittersten Momente in seiner langen und so erfolgreichen Karriere.

Umso mehr Respekt erwarb sich Oliver Kahn mit seinem Verhalten, nachdem er den Zweikampf verloren hatte: Er stellte sich ganz in den Dienst der Mannschaft und des gemeinsamen Erfolgs – bis hin zur fairen und freundschaftlichen Geste Jens Lehmann gegenüber.

Das dramatische Elfmeterschießen gewann Deutschland übrigens mit 4 : 2. Jens Lehmann wurde mit zwei gehaltenen Elfmetern zum Helden, und eine wichtige Rolle spielte dabei ein Zettel in seinem Stutzen.*

* Der deutsche Torwarttrainer Andy Köpke hatte vor dem Spiel Informationen über die Elfmetertaktik der argentinischen Strafstoßschützen auf einen kleinen Zettel geschrieben: in welche Ecke sie meistens schießen und solche Sachen. Jens Lehmann zog also vor jedem Elfmeter diesen Zettel aus seinem Stutzen und warf einen Blick darauf. Die verwischte Bleistiftschrift konnte er kaum entziffern, und der letzte argentinische Schütze Esteban Cambiasso stand gar nicht auf dem Zettel, aber egal. Vielleicht hat der Zettel dazu geführt, dass die argentinischen Schützen ein bisschen nervös wurden. Lehmann hielt den Elfer von Cambiasso und Deutschland zog ins Halbfinale ein. Der Zettel wird heute im Haus der Geschichte in Bonn ausgestellt.

Auch dies ist ein Beispiel für Fairplay: Die eigenen Interessen zurückzustellen und für den gemeinsamen Erfolg zu kämpfen, wenn es darauf ankommt. Natürlich ist es nicht leicht, über den eigenen Schatten zu springen oder seine Emotionen jederzeit im Griff zu haben. **Doch je mehr wir daran glauben, dass faires Verhalten richtig und ansteckend ist, desto mehr wird es sich auch durchsetzen.**

26. September 2012, SSC Neapel – Lazio Rom

Der deutsche Mittelstürmer Miroslav Klose* erzielt für seinen Klub Lazio Rom das 1 : 0 beim SSC Neapel. Was der Schiedsrichter nicht gesehen hat: Klose hatte den Ball aus Versehen mit der Hand über die Linie befördert. Daraufhin läuft Klose an seinen jubelnden Mitspielern vorbei zum Schiedsrichter und gibt sein Handspiel zu. Der Schiedsrichter nimmt das Tor zurück. Am Ende verliert Lazio Rom das Spiel mit 0 : 3.

»Bravo, was für eine Heldentat!«, schrieb die italienische Sportzeitung *Gazetta dello Sport*.

»Dafür verdient er einen Preis!«, lobte ihn Neapels Kapitän Paolo Cannavaro nach dem Spiel.

* Miroslav Klose, der unter anderem für Werder Bremen, Bayern München und Lazio Rom spielte, war einer der fairsten und besten Stürmer aller Zeiten. 2014 wurde er mit Deutschland Weltmeister in Brasilien und hält mit 16 Treffern den alleinigen Torrekord bei Fußball-Weltmeisterschaften. Wahrscheinlich hat Miroslav Klose in diesem Moment selbst nicht damit gerechnet, dass er am nächsten Tag von den italienischen Zeitungen für seine Ehrlichkeit gefeiert werden würde. Vermutlich hat er daran nicht den geringsten Gedanken verschwendet, sondern einfach das getan, was für ihn selbstverständlich war: die Wahrheit zu sagen.

Nicht ganz so ehrlich wie Miroslav Klose war der argentinische Superstar Diego Maradona**, nachdem er bei der WM 1986 beim Spiel gegen England ebenfalls ein regelwidriges Tor mit der Hand erzielt hatte: Der nur 1,65 Meter große Maradona sprang im Duell mit dem britischen Torwart in die Höhe und stupste den Ball mit seiner linken Hand über den Keeper hinweg ins Tor. Nachdem die Fernsehkameras das

Handspiel eindeutig belegten, erklärte Maradona sein Schummeltor nach dem Spiel folgendermaßen: *»Es war ein bisschen Maradonas Kopf und ein bisschen die Hand Gottes.«*

** Diego Armando Maradona ist neben Lionel Messi der berühmteste argentinische Fußballer überhaupt und einer der besten Mittelfeldregisseure der Geschichte. Bei der WM 1986 in Mexiko führte er sein Team im Finale gegen Deutschland zum Titel. Sein spektakulärer Sololauf im Viertelfinale gegen England, bei dem er insgesamt sechs Gegenspieler sowie den englischen Torwart ausspielte, wurde von der FIFA zum »Tor des Jahrhunderts« gewählt. Diego Maradona starb am 25. November 2020.

Stell dir vor ...

... du hast mit deiner Mannschaft das Finale in einem Mädchen-turnier erreicht. Eigentlich hat euch das niemand zugetraut, ihr euch selbst auch nicht, weil ihr vorher als krasser Außenseiter galtet. Doch jetzt habt ihr euch bis ins Endspiel vorgekämpft und kurz vor Schluss steht es 1 : 1 – unentschieden. Auf einem Tisch neben dem Spielfeldrand steht ein glänzender Pokal. Du wirfst immer wieder sehnsüchtige Blicke zu ihm hinüber, willst dich aber nicht ablenken lassen.

Die letzte Spielminute bricht an. Eine Mitspielerin schickt dich mit einem langen Pass in den Strafraum. Du rennst, so schnell du kannst, kommst gerade noch an den Ball und schaffst es sogar, die Torhüterin auszuspielen, ehe du ins Stolpern gerätst und über deine eigenen Füße fällst. Während du auf dem Boden liegst und dich grün und blau ärgerst, ertönt ein Pfiff. Die Schiedsrichterin gibt einen Strafstoß für euch, obwohl die gegnerische Torhüterin dich kein bisschen berührt hat. Zwei Gedanken schießen dir durch den Kopf: Ich will unbedingt den Pokal gewinnen! Aber nicht so!

Wer kann schon mit Sicherheit von sich behaupten, dass er sich in so einer Situation für die Wahrheit entscheiden würde? Zumal ja kaum Zeit zum Nachdenken bleibt.

Vermutlich sollte man niemandem einen Vorwurf machen, der lieber den Pokal mitnimmt, als sich von den Gegnerinnen für seine Wahrheitsliebe auf die Schultern klopfen zu lassen.

Entscheidest du dich, ehrlich zu sein, kann es auch passieren, dass deine Trainerin dir hinterher Dummheit und Naivität vorwirft, weil du die Chance, die sich dir überraschend bot, nicht genutzt hast.

Aber eines ist sicher: Diese Trainerin sollte sich unbedingt mal die Fairplay-Definition des DFB durchlesen (siehe Seite 12).

Hier ein paar Tipps, wie du es schaffst, dich fair zu verhalten und ein richtiger Teamplayer zu sein:

⚽ Geh mit gutem Beispiel voran.

⚽ Sei mutig.

⚽ Lass dich nicht zu etwas hinreißen, das du eigentlich nicht willst.

⚽ Wenn du unsicher bist, wie du dich verhalten sollst, rede mit anderen darüber. Mit Freunden, deinem Trainer oder deinen Eltern.

⚽ Such dir Verbündete, denn gemeinsam ist man immer stärker als allein.

⚽ Mach dir klar, dass Niederlagen und persönliche Enttäuschungen zum Sport dazugehören. Aus Niederlagen kann man viel lernen.

Faire Sportler und Sportlerinnen

Wir alle brauchen Vorbilder, die uns zeigen, wie man mit gutem Beispiel vorangehen kann. Damit ermutigen sie uns, das Gleiche zu tun. Und siehe da – wann immer sich jemand fair und vorbildlich verhält, wird sie oder er danach mit Lob überhäuft. Eigentlich seltsam, dass folgende Beispiele immer noch die Ausnahme sind:

Trainer befiehlt Eigentor

Beim Oberliga-Spiel Stuttgarter Kickers – FC Nöttingen führen die Kickers mit 1 : 0, als ein Nöttinger Spieler verletzt am Boden liegt. Statt den Ball ins Aus zu spielen, nutzen die Kickers die nächste Gelegenheit zum 2 : 0, was ihrem Trainer **Ramon Gehrmann** gar nicht gefällt. Aus Gründen der Fairness weist er seine Spieler an, ein Eigentor zu schießen. Gesagt, getan. Am Ende gewinnen die Kickers mit 4 : 1.

Fans von Preußen Münster setzen ein Zeichen gegen Rassismus

Beim Drittligaspiel Preußen Münster – Würzburger Kickers sind Affenlaute im Stadion zu hören, die sich eindeutig gegen den dunkelhäutigen Würzburger Spieler **Leroy Kwadwo** richten. Die Münsteraner Fans zeigen auf den Rufer aus ihrer Mitte und helfen damit der Polizei, diesen zu finden und festzunehmen. »Nazis Raus!«-Sprechchöre schallen durchs Stadion. Der Verein bedankt sich später auf seiner Webseite bei seinen Anhängern, und Leroy Kwadwo bedankt sich nach dem Spiel bei den Münsteraner Fans für ihre Solidarität.

Dänische Kicker stellen sich schützend vor ihren Mitspieler

EM 2021. Im Spiel gegen Finnland bricht der dänische Mittelfeldspieler **Christian Eriksen** plötzlich zusammen und bleibt reglos liegen. Er hat einen Herzstillstand erlitten. Das Spiel wird weltweit im Fernsehen übertragen. Um die Sanitäter in Ruhe arbeiten zu lassen und die Würde ihres Mitspielers zu wahren, stellen sich die Dänen vor den am Boden liegenden Eriksen und schützen ihn vor sensationslüsternen Blicken. Nach mehreren Minuten kann er schließlich wiederbelebt werden. Team und Staff gewinnen daraufhin den Fairplay-Preis der FIFA. Und Christian Eriksen kann acht Monate nach seinem Herzstillstand sein Comeback als Fußballer feiern.

Schiedsrichterin zeigt Weiße Karte

Während des portugiesischen Pokalspiels der Frauen-Teams von Sporting und Benfica Lissabon klagt eine Ersatzspielerin auf der Bank über Unwohlsein. Die Mannschaftsärzte beider Teams eilen sofort herbei und kümmern sich um die Spielerin, der es schnell wieder besser geht. Daraufhin zieht die Schiedsrichtern Catarina Campos die Weiße Karte und deutet auf beide medizinischen Abteilungen. Weiße Karten gibt es in Portugal seit 2023, um »ethische Werte im Sport« zu fördern.

Spieler entschuldigt sich bei einem kleinen Fan

Dem Leverkusener Außenverteidiger **Jeremie Frimpong** unterläuft beim Heimspiel gegen den VFL Wolfsburg ein Missgeschick. Er schießt den Ball nach einer vergebenen Chance auf die Tribüne und trifft dabei ein Kind mitten ins Gesicht. Er läuft sofort zu dem weinenden Jungen und tröstet ihn. Unmittelbar nach dem Schlusspfiff schenkt er ihm auch noch sein Trikot.

Torschütze tröstet Gegenspieler

Bundesliga, 22. Spieltag der Saison 2022/23: Dem Bochumer Verteidiger **Keven Schlotterbeck** gelingt in der vierten Nachspielminute der Ausgleich bei Hertha BSC. Damit besiegelt er den Abstieg der Berliner, während er seinem Team vermutlich den Klassenerhalt gerettet hat. Während seine Mitspieler nach dem Schlusspfiff ausgelassen feiern, geht Schlotterbeck zu den Berlinern, um sein Mitgefühl auszudrücken.

Spieler helfen verletztem Fotografen

Union Berlin – Schalke 04. Der Berliner Stürmer **Sheraldo Becker** trifft zur 2 : 1-Führung. Während des Jubels an der Bande bemerken die Berliner Spieler, dass ein Fotograf gestürzt ist. Sie brechen den Jubel

sofort ab und rufen Sanitäter herbei. Der verletzte Fotograf wird in ein Krankenhaus gebracht und kann am nächsten Tag wieder entlassen werden. Für diese Aktion erhält Union Berlin den Fair-Play-Preis der Saison 2022/23.

Stürmer bricht Sprintduell ab

In der norwegischen Erstliga-Partie zwischen Odds BK und Brann Bergen kommt es beim Stand von 0 : 0 zu einem Sprintduell zwischen dem Bergen-Stürmer **Bård Finne** und Odds-Verteidiger **Sondre Solholm Johansen**. Plötzlich fasst sich Johansen an den hinteren Oberschenkel und muss das Laufduell abbrechen. Für Finne ist der Weg zum Tor frei, doch er bremst ab und spielt den Ball ins Aus, damit sein Gegenspieler sofort ärztlich versorgt werden kann.

Dies alles sind eindrucksvolle Beispiele dafür, dass es Situationen gibt, in denen der Sport plötzlich unwichtig wird. Besser gesagt, in denen andere Dinge wie die Gesundheit der Spieler an erster Stelle stehen.

Carlo Ancelotti, der als bisher einziger Trainer viermal die Champions League gewann, hat es mal so ausgedrückt:

»Fußball ist das wichtigste der unwichtigen Dinge auf der Welt.«

Die Rüpel-Elf

Doch auch unter den Fußballern selbst gibt es welche, die sich gerade wegen ihrer Unfairness und brutalen Spielweise einen Namen gemacht haben. Deshalb wollen wir an dieser Stelle ein kleines Gedankenexperiment durchführen und ein Fantasie-Team der größten Rüpel und Raubeine des internationalen Fußballs zusammenstellen. Eine Mannschaft der schlimmsten Schläger, Rächer und Knochenbrecher aller Zeiten, die so zwar nie zusammengespielt hat, die aber jedem Gegner den Angstschweiß auf die Stirn getrieben hätte: unsere historische Rüpel-Elf.

Rüpeltorwart:

Harald »Toni« Schumacher rammte als deutscher Nationalkeeper im WM-Halbfinale 1982 dem Franzosen Patrick Battiston so brutal sein Becken gegen den Kopf, dass Battiston das Bewusstsein und zwei Zähne verlor. Schumachers flapsiger Kommentar nach dem Spiel: *»Dann zahl ich ihm halt die Jacketkronen.«*

(Später hat sich Schumacher bei Battiston dafür entschuldigt, dass er sich auf dem Platz nicht gleich um ihm gekümmert hat. Auch das ist Fairplay, wenn auch im Nachhinein.)

Rüpelverteidiger:

Pepe. Dem damaligen Innenverteidiger von Real Madrid brannten im Ligaspiel gegen den FC Getafe sämtliche Sicherungen durch. Zuerst traktierte er seinen am Boden liegenden Gegenspieler mit Fußtritten, dann schlug er einem anderen ins Gesicht. Infolge dieses hemmungslosen Mehrfachfouls wurde er für zehn Ligaspiele gesperrt.

Juan Zúñiga sprang dem brasilianischen Superstar Neymar im Viertelfinale der WM 2014 mit einem Knie voraus in den Rücken. Die Folgen für Neymar: Bruch des dritten Lendenwirbels, Stützkorsett und eine wochenlange Pause. Hätte Neymar im nächsten Spiel gegen Deutschland nicht gefehlt, wäre es wohl kaum zum legendären 1 : 7 von Belo Horizonte gekommen.

Marco Materazzi holzte sich zehn Jahre lang im Trikot von Inter Mailand durch die italienische Serie A. Im WM-Finale 2006 provozierte er den Franzosen Zinédine Zidane bis aufs Blut, sodass sich dieser zu einem Kopfstoß hinreißen ließ, der ihm die Rote Karte einbrachte. Später gab Materazzi zu, Zidanes Schwester übel beleidigt zu haben.

Andoni Goikoetxea Olaskoaga verbreitete als »Schlächter von Bilbao« Angst und Schrecken. Die britische Tageszeitung *The Times* kürte ihn zum »härtesten Verteidiger aller Zeiten«. Herzlichen Glückwunsch!

Mittelfeldrüpel:

Vinnie Jones ist ein ehemaliger walisischer Nationalspieler. Seine rustikale Spielweise trug ihm den Spitznamen »Die Axt« ein. Er hält den Rekord für die schnellste Gelbe Karte (nach drei Sekunden) und kassierte in seiner Karriere 13 Rote Karten.

Roy Keane, 67-facher irischer Nationalspieler, beging die »Mutter aller Fouls«, als er dem Norweger Alf-Inge Haaland* mit einem gezielten Tritt das Knie zerschmetterte. Er offenbarte in seiner Autobiografie, was ihm während seines Fouls durch den Kopf ging: »Nimm das, du Schwein!« Haaland hatte Keane vier Jahre zuvor »Schauspielerei« vorgeworfen.

> * Nicht zu verwechseln mit Erling Haaland.

Joey Barton, der von 1997–2001 für Manchester City spielte, war auch außerhalb des Spielfelds ein Rüpel der Extraklasse. Er prügelte sich mit gegnerischen Fans und drückte einem Nachwuchskicker eine Zigarette ins Auge. Nachdem er dem Norweger Morten Gamst Pedersen seine Faust in die Rippen geschlagen hatte, wurde er für drei Spiele gesperrt. Wegen einer Tätlichkeit gegen Carlos Tévez sah er die Rote Karte und trat Sekunden später Sergio Agüero auf den Oberschenkel. Daraufhin wurde er mit einer Rekordsperre von zwölf Spielen bedacht.

Rüpelstürmer:

Luis Suárez sollte eigentlich nur noch mit Maulkorb aufs Spielfeld gelassen werden. Nachdem er bereits drei Mal seine Gegenspieler gebissen hat, wurde er stets zu wochenlangen Sperren verurteilt. Sein bekanntestes Bissopfer war der Italiener Giorgio Chiellini, dem Suárez abseits des Balles von hinten seine Zähne in die Schulter schlug.

Eric Cantona. Der frühere Stürmer von Manchester United hat wohl das berühmteste Zuschauerfoul aller Zeiten begannen: Er legte sich artistisch quer in die Luft, um einen Anhänger von Crystal Palace niederzustrecken. Angeblich sei er beleidigt und bespuckt worden. Cantona wurde für neun Monate gesperrt und mit 120 Stunden Sozialarbeit belegt.

Ersatzrüpel:

Eden Hazard trat einem Balljungen in den Bauch, weil dieser das Spielgerät nicht gleich herausrücken wollte.

Gennaro Gattuso. War beim AC Mailand 13 Jahre lang der Rüpelexperte für die eingesprungene Grätsche. Wegen seiner animalischen Spielweise hieß es früher in Italien: »Der Mensch stammt vom Gattuso ab.«

Jens Jeremies vom FC Bayern zeigte seinem Gegenspieler Patrick Vieira einst die Mittellinie und sprach: »*Hier aua, da drüben gut.*«

Nigel de Jong war nicht erst seit seinem brutalen Tritt gegen die Brust von Xabi Alonso im WM-Finale 2010 ein gefürchtetes Raubein. Der Mittelfeldspieler brach im selben Jahr seinen Gegenspielern Stuart Holden und Hatem Ben Arfa die Beine.

Mark van Bommel wurde von seinem damaligen Trainer Ottmar Hitzfeld als »Aggressiv-Leader« bezeichnet. Ob Blutgrätschen oder verbale Provokationen, der Mittelfeldspieler kannte jeden Kniff und verabschiedete sich im letzten Spiel seiner Karriere standesgemäß mit einer Gelb-Roten Karte.

Rüpeltrainer:

Diego Simeone. Die Trainerlegende von Atlético Madrid gebärdet sich an der Seitenlinie oft wie ein Wahnsinniger, peitscht die eigenen Fans auf, traktiert die Linienrichter und wirft schon mal einen zweiten Ball aufs Spielfeld, um einen Konter des gegnerischen Teams zu unterbinden.

Seit 1970 wird bei Weltmeisterschaften übrigens der Preis für die fairste Mannschaft verliehen. Aber ob diese Teams eine Chance gegen unsere Rüpel-Elf gehabt hätten?

Gewinner der FIFA-Fairplay-Trophäe

1970	Peru
1974	BR Deutschland
1978	Argentinien
1982	Brasilien
1986	Brasilien
1990	England
1994	Brasilien
1998	England/Frankreich
2002	Belgien
2006	Brasilien/Spanien
2010	Spanien
2014	Kolumbien
2018	Spanien
2022	England

Das Verhalten unserer Rüpelkicker erinnert zuweilen an die wüsten Ballschlachten vergangener Zeiten – die Vorläufer unseres heutigen Fußballspiels. Gekickt und mit Bällen gespielt wird schon seit Tausenden von Jahren, und obwohl es dabei oft genug rücksichtslos und brutal zuging, wird es vermutlich schon immer Momente des Fairplays gegeben haben. Sich fair und anständig zu benehmen, ist schließlich ein menschliches Grundbedürfnis, und so dürfen wir unserer Fantasie auch in dieser Hinsicht freien Lauf lassen:

Stell dir vor ...

... du bist ein griechischer Junge vor 2500 Jahren und nimmst an einem dieser wilden Ballspiele teil, die seit einiger Zeit auf dem Sportgelände des Gymnasions* stattfinden. Du bist aufgeregt, weil du zum ersten Mal mitmachen darfst, und auch ein bisschen nervös, weil es da ganz schön zur Sache gehen soll. Ein Junge aus deiner Nachbarschaft hat sich beim Spiel schon das Nasenbein gebrochen.

* Ein Gymnasion war im antiken Griechenland ein Übungsplatz, auf dem die männlichen Jugendlichen unter anderem ihre körperlichen Fähigkeiten erproben konnten. Unser heutiges Wort »Gymnasium« leitet sich vom griechischen *Gymnasion* ab.

Als es schließlich losgeht, bist du gleich mittendrin im Getümmel. Der aufwirbelnde Staub nimmt dir fast die Luft zum Atmen, und du musst dich erst mal daran gewöhnen, beim Kampf um den Ball ständig Tritte und Schläge zu kassieren oder in den Schwitzkasten genommen zu werden. Aber du lässt dir nichts gefallen – man könnte auch sagen, du schlägst dich gut –, und im Eifer des Gefechts rammst du Zenon dein Knie ins Gesicht. Ausgerechnet Zenon, der einen Kopf größer ist als du und vor dem du schon immer ein bisschen Angst hattest.

Jetzt fürchtest du, dass er sich rächen wird, doch Zenon wischt sich lässig das Blut von den Lippen und wirft dir einen respektvollen Blick zu. »Gut gemacht, Kleiner«, raunt er dir zu, und sofort fühlst du dich um mindestens einen Kopf größer.

Auch das ist Fairplay – seinem Gegner Respekt für seine Leistung und seinen Einsatz zu bezeugen, ob heute oder vor 2500 Jahren.

So kickten unsere Vorfahren

Die Spielregeln haben sich im Laufe der Zeit geändert, doch was die antiken Hobbyfußballer mit den Amateur- und Profikickern von heute verbindet, ist die Freude am Spiel und an der Gemeinschaft. Was haben sich die Menschen nicht schon alles ausgedacht, um einen Grund zum Kicken zu haben. Mal gehörte der Fußball zur militärischen Ausbildung der Soldaten, mal diente er Königen wie Untertanen als Zeitvertreib. Und während die Ureinwohner Nordamerikas beim Strandfußball quasi Haus und Hof verspielten, mussten die unterlegenen Kicker in Mittelamerika fürchten, zur Strafe den Göttern geopfert zu werden.

Im Übrigen müssen unsere fußballbegeisterten Vorfahren schon erstaunliche technische Fähigkeiten gehabt haben. Die kalifornischen Kicker sollen stark im Dribbling gewesen sein, beim japanischen Kemari wurde kunstvoll der Ball hochgehalten, und beim lateinamerikanischen Ulami mussten die Spieler ihn zielsicher durch einen winzigen Steinring bugsieren.

Schauen wir also mal, wie das alles begann mit unserer weltweiten Liebe zum Fußball:

Die **Neandertaler**, die ausgestorbenen Verwandten der heutigen Menschen, waren wohl schon begeisterte Freizeitkicker. Darauf deutet zumindest eine gut erhaltene lederummantelte Kugel hin, die bei archäologischen Grabungen gefunden wurde und eindeutig aus der Zeit der Neandertaler stammt. Außerdem entdeckte man eine Grotte, die vermutlich als Fußballtor gedient hat. Die ältesten Neandertaler lebten vor rund 400 000 Jahren. Die letzten starben vor etwa 40 000 Jahren aus.

China. Hier war bereits im 2. Jahrtausend v. Chr. ein Spiel namens *Ts'uh Küh* bekannt, was »Ball mit dem Fuß stoßen« bedeutet. Den Ball, eine kleine, mit Federn gefüllte Lederkugel, durften die Spieler mit jedem Körperteil, nur nicht mit der Hand berühren. Als Tor diente ein Netz aus Seide, das zwischen zwei Bambuspfählen aufgespannt wurde.

Die alten **Ägypter** jonglierten bereits mit Fuß und Oberschenkel einen Ball. Das sieht man auf 4000 Jahre alten Zeichnungen. Nach welchen Regeln gespielt wurde, ist allerdings nicht bekannt.

In **Mittelamerika** wurde schon 1500 Jahre vor unserer Zeitrechnung mit einem Ball gespielt. Allein in Mexiko sind über 600 antike Ballspielplätze erhalten geblieben. Beim *Ulama* versuchten die Spieler, einen Kautschukball mit der Hüfte, dem Po oder den Knien durch einen kleinen steinernen Ring zu befördern, was große Geschicklichkeit erforderte.

Bei den Maya war dieses Spiel allerdings weder Sport noch Freizeitvergnügen, sondern eine religiöse Handlung zu Ehren ihrer zahlreichen Götter – mit tödlichem Ausgang für die Verlierer: Sie wurden als Menschenopfer von den Stufen der Tempelpyramiden gestoßen.

Harpastum nannten die **alten Römer** ihr Spiel mit dem Ball. Es war wohl eine Mischung aus Rugby und Ringkampf. Die römischen Legionäre trugen dieses Spiel auf ihren Eroberungszügen in alle Teile Europas, wo es sich in verschiedene Richtungen weiterentwickelte.

Der Philosoph Platon (428–348 v. Chr.) nannte das wilde Ballspiel der **Griechen** *Sphairoma Chia* (»Schlacht um den Ball«). Es muss wohl auch ziemlich wüst zugegangen sein, wenn die jungen Athener oder Spartaner »um eines Balles willen übereinander herfielen und sich schlugen«. Auch König Alexander der Große soll ein begeisterter Ballspieler gewesen sein.

Japan. *Kemari* heißt das seit dem 8. Jahrhundert bekannte Kreisspiel, das Bestandteil einer kultischen Zeremonie war. Dabei versuchten die in prächtige Seidenkimonos gehüllten Spieler, einen federleichten Ball möglichst lange in der Luft zu halten.

Teilnehmen durften nur die Minister und Mitglieder des Hochadels. Noch heute gibt es in der Kaiserstadt Kyoto zwei Kemari-Klubs, die diese alte Tradition pflegen.

Die Ureinwohner **Nordamerikas** kickten schon vor Jahrhunderten gern am Strand. Und damit das Spiel auch einen Namen hatte, nannten sie es einfach *Pasuckuakohowog*, was sich jeder leicht merken konnte.

Pro Mannschaft traten 30–1000 Spieler gegeneinander an. Es gab bereits Tore und eine Mittellinie. Meist spielte Dorf gegen Dorf beziehungsweise Stamm gegen Stamm, und wer verloren hatte, musste dem gegnerischen Team verschiedene Güter aushändigen. So wechselte am Ende einer Partie Pasuckuakohowog jede Menge Eigentum die Besitzer.

Deutschland. Wenn unsere Vorfahren im Mittelalter Lust zum Kicken verspürten, spielten sie Osterball, bei dem die Kirche quasi als Mittellinie fungierte. Mannschaft A schoss den Ball zunächst so hoch und weit wie möglich über die Kirche. Mannschaft B fing den Ball auf und versuchte dann, ihn irgendwie durch das gegnerische Stadttor zu befördern, was Mannschaft A natürlich verhindern wollte.

Leider entwickelten sich solche Spiele oft zu regelrechten Schlachten, sodass man sie irgendwann sicherheitshalber in den Bereich außerhalb der Stadtmauern verlegte.

Die Normannen brachten das Spiel im 11. Jahrhundert nach **England**. Dort war man anfangs etwas ungestüm. Gerichtsakten von 1137 berichten von Toten und Verletzten. König Edward II. sah sich 1314 veranlasst, das brutale Spiel zu verbieten, was die fußballbegeisterten Briten allerdings wenig kümmerte. Heinrich VIII. (1491–1547) besaß ein eigenes Paar Fußballschuhe, und Jakob I. (1566–1625) empfahl den Fußball nach dem sonntäglichen Kirchgang.

Doch erst mit der Gründung der Football Association (FA) im Jahr 1863 in London und der Erstellung eines ersten umfassenden Regelwerks schlug sozusagen die Geburtsstunde des modernen Fußballs.

Im Land des vierfachen Weltmeisters **Italien** liegt eine weitere wichtige Wurzel des Fußballs: der *Calcio*. In Florenz gehörte *Calcio* – was sowohl »Fußball« als auch »Fußtritt« bedeutet – während der Herrschaft der Medici zum Standardprogramm festlicher Ereignisse. Es spielten dabei zwei Mannschaften mit je 27 Spielern gegeneinander. 15 davon wurden als Stürmer eingesetzt, dahinter warteten fünf sogenannte Zerstörer, vier Läufer und drei Verteidiger.

Anhänger des Offensivfußballs kamen hier voll auf ihre Kosten. Zum ersten Mal gab es auch eine Art Schiedsrichter, der darauf achtete, dass mit »nicht kriminellen« Mitteln gespielt wurde.

Royal Shrovetide Football:

Faschingsdienstag (Shrove Tuesday) ist für alle Bewohner der englischen Stadt Ashbourne in Derbyshire bis auf den heutigen Tag der Höhepunkt des Jahres, und das bereits seit dem 12. Jahrhundert. Denn an diesem Tag wird das Shrovetide Football Match angepfiffen, bei dem nahezu sämtliche Einwohner hinter einem Ball herjagen – Fußball wie im Mittelalter.

Zur einen Mannschaft gehören alle, die nördlich des Flusses Henmore Brook leben, das gegnerische Team ist südlich des Flusses beheimatet. Das »Spielfeld« hat eine Länge von etwa fünf Kilometern, die Anzahl der Spieler geht in die Hunderte. Die Spielzeit beträgt zwei Tage, jeweils von 14 bis 22 Uhr. Fällt noch vor 17 Uhr ein Tor, wird weitergespielt, ansonsten ist das Match für diesen Tag beendet. Der Ball ist handbemalt und mit Kork gefüllt, damit er nicht untergeht, wenn er im Fluss landet. Als Tore dienen zwei Steinpyramiden.

Die Regeln sind erfreulich einfach: Es ist verboten, jemanden zu töten oder mehr Gewalt anzuwenden »als notwendig«. Friedhöfe und Kirchen zählen nicht zum Spielfeld. Der Ball darf weder in Rucksäcken noch mit motorisierten Fahrzeugen befördert werden. Ein Tor hat erzielt, wer den Ball drei Mal an der Steinpyramide der eigenen (!) Einwohnergruppe anschlägt. Der Besuch des Pubs während des Spiels ist nicht nur erlaubt, sondern eine Selbstverständlichkeit.

Eröffnet wird das Match oft von landesweit bekannten Persönlichkeiten. So hat 2003 der heutige König Charles den Ball eingeworfen, wie schon sein Großonkel, der spätere König Edward VIII., im Jahr 1928.

England wird oft als »Mutterland des Fußballs« bezeichnet, obwohl die englische Nationalmannschaft erst einmal Weltmeister (1966) und noch nie Europameister war. Allerdings entstanden vor über 150 Jahren an englischen Unis und Privatschulen die ersten Fußballklubs. Und es waren englische Studenten der Elite-Universität Cambridge, die sich die ersten Fußballregeln für alle ausdachten. Englische Fußballfans stimmen ihren Lieblingssong »Football's coming home« also zu Recht an, denn England ist wirklich die Heimat des modernen Fußballs.

Übrigens hatte der Sport an englischen Unis immer schon einen hohen Stellenwert, vor allem das Rudern. Und fast alle Sportarten, die auf Rasen gespielt werden – Fußball, Rugby, Tennis, Golf, Kricket –, haben ihren Ursprung in England.

Die Entwicklung der Fußballregeln

1846 Studenten der Universität Cambridge verfassen die ersten Fußballregeln. Danach bestand eine Mannschaft aus 15 bis 20 Spielern. Der Ball durfte während des Spiels mit den Händen aufgefangen werden.

1863 Gründung der Football Association (FA) in London. Eine der ersten Regeln lautete: »Das Spielen ist nur mit dem Fuß zulässig. Getreten werden darf nur nach dem Ball.«

1864 Spielkleidung: Die Hosen müssen die Knie bedecken, die Mützen mit Quasten versehen sein.

1865 Begrenzung der Torhöhe mit einer auf der Höhe von 2,44 m angebrachten Schnur.

1866 Einführung von Eckball und Freistoß. Festlegung der Spieldauer auf 90 Minuten. Erste Abseitsregel: »Ein Spieler ist dann im Abseits, wenn er bei der Ballannahme weniger als drei Gegner vor sich hat.«

1870 Die FA beschränkt die Anzahl der Spieler pro Team auf elf.

1871 Nur der Torhüter darf den Ball mit der Hand spielen, muss ihn aber nach zwei Schritten wieder freigeben.

1872 Festlegung der Ballgröße.

1874 Einführung des Schiedsrichters.

1875 Die Latte ersetzt die Schnur als obere Torbegrenzung. Einführung von Halbzeitpause und Seitenwechsel.

1877 Einführung des Platzverweises.

1878 Der Schiedsrichter erhält eine Trillerpfeife.

1880 Der Freistoß wird eingeführt. In Deutschland wird die Spieldauer auf 60 Minuten begrenzt.

1881 Einführung des Elfmeters. Der Torhüter darf sich dem Schützen dabei bis auf 5,5 Meter nähern.

1890 Die Einführung von Tornetzen soll die Entscheidung erleichtern, ob der Ball im Tor war.

1896 Neue Regel in Deutschland: Das Spielfeld muss frei von Bäumen und Sträuchern sein.

1906 Der Ball muss von nun an aus Leder sein.

1939 Einführung von Rückennummern.

1955 Verbot des Frauenfußballs in Deutschland.

1965 In England wird der Spielerwechsel während des Spiels eingeführt. Pro Spiel darf ein verletzter Spieler ausgetauscht werden.

1970 Bei der Fußball-WM in Mexiko werden erstmals Gelbe und Rote Karten eingeführt. Das Elfmeterschießen nach Verlängerung bei Gleichstand ersetzt den bis dahin üblichen Münzwurf, um über Sieg und Niederlage zu entscheiden.

1970 Der DFB erlaubt Frauen das Fußballspielen in Vereinen.

1973 Einführung der Trikotwerbung.

1983 Rote Karte für die »Notbremse«.

1991 Einführung der Gelb-Roten Karte als abgestufter Platzverweis.

1992 Der Torhüter darf den Ball nach einem Rückpass nicht mehr mit der Hand aufnehmen.

1996 Das »Golden Goal« (das erste Tor in der Verlängerung entscheidet das Spiel) wird erstmals bei der EM eingeführt und verhilft Deutschland zum Titel.

2002 Das »Golden Goal« wird vom »Silver Goal« abgelöst: Die Mannschaft, die nach der ersten oder zweiten Halbzeit der Verlängerung mehr Tore geschossen hat, gewinnt das Spiel.

2004 Abschaffung des Silver Goals.

2006 Für die Fußball-WM in Deutschland übernimmt die FIFA von der UEFA die Regelung, nur noch Schiedsrichtergespanne aus einem Land einzusetzen.

2013 Sogenannte Turban-Regel der FIFA: Spielerinnen und Spieler dürfen aus religiösen Gründen eine Kopfbedeckung tragen, also einen Schleier oder einen Turban.

2014 Bei der WM in Brasilien kommt erstmals die sogenannte Torlinientechnologie zum Einsatz.

2016 Verliert ein Spieler einen Schuh, darf er bis zur nächsten Unterbrechung auf Socken weiterspielen.

2016 Die Unterhosen der Spieler müssen dieselbe Farbe haben wie die Trikothosen.

2018 Bei der WM in Russland kommt erstmals der Videobeweis bei einem großen Turnier zur Anwendung.
Während der Verlängerung darf ein vierter Spieler eingewechselt werden.

2019 Spieler der angreifenden Mannschaft dürfen bei Freistößen nicht mehr in der gegnerischen Mauer stehen.
Auch Trainer und Funktionäre an der Seitenlinie können künftig Gelbe und Rote Karten bekommen.
Der Torhüter muss während der Ausführung des Strafstoßes nur noch mit einem Fuß die Linie berühren.

2022 Ein fünfter Spielerwechsel ist möglich.

Manchmal fragt man sich, wie viele Regeln eigentlich noch dazukommen sollen. Fußball ist im Grunde ein einfaches Spiel, das der frühere englische Stürmer Gary Lineker mal so beschrieben hat: *»22 Männer jagen 90 Minuten lang einem Ball nach und am Ende gewinnen immer die Deutschen.«*

Natürlich merkst du sofort, dass an dem Zitat was faul ist. Erstens hat Deutschland schon ganz schön lange kein großes Turnier mehr gewonnen[*] und zweitens können ja auch 22 Frauen einem Ball hinterherjagen.

Die deutschen Frauen tun das seit vielen Jahren überaus erfolgreich und waren schon mehrfach Welt- und Europameisterinnen sowie Olympiasiegerinnen.

Dabei hatten sie für ihre Triumphe viel weniger Zeit als die Männer, weil der Frauenfußball in Deutschland jahrelang verboten war. Und wenn er nicht verboten war, dann hat man alles dafür getan, um die kickenden Frauen und Mädchen zu behindern und zu benachteiligen. Es ist wirklich eine peinliche Geschichte, aber lies selbst.

[*] Bis vor ungefähr zehn Jahren galt Deutschland als klassische Turniermannschaft, die sich im Laufe eines Turniers meist kontinuierlich gesteigert hat. Die Männernationalmannschaft war viermal Weltmeister (1954, 1974, 1990 und 2014) und drei Mal Europameister (1972, 1980 und 1996). Außerdem gewann sie 2017 den Konföderationen-Pokal, besser bekannt als Confed-Cup, und war in zahlreichen Halbfinals und Endspielen bei Welt- und Europameisterschaften vertreten.

Die Geschichte des Frauenfußballs – eine einzige Ungerechtigkeit

»Frauenfußball, Männerfußball, es ist Fußball!«

Lena Oberdorf

Die deutsche Frauennationalmannschaft ist drauf und dran, ihren männlichen Kollegen den Rang abzulaufen. Spielerinnen wie Alexandra Popp oder Lina Magull sind inzwischen fast so bekannt wie İlkay Gündoğan oder Jamal Musiala. Die Einschaltquoten bei der letzten EM übertrafen teilweise sogar die der Männer bei der WM in Katar. Mit zwei Weltmeistertiteln (2003 und 2007) und einer Vizeweltmeisterschaft (1995) ist Deutschland die zweiterfolgreichste Nation der Welt nach den USA. Außerdem gewann die deutsche Frauennationalmannschaft 2016 das olympische Fußballturnier und wurde sage und schreibe acht Mal Europameister (von 1995 bis 2013 sechs Mal hintereinander).

Doch Fußball spielende Frauen und Mädchen hatten es gerade in Deutschland unglaublich schwer. Lange Zeit wurden sie ausgelacht, diskriminiert, ausgegrenzt, nicht für voll genommen oder offen angefeindet. Von Fairplay keine Spur!

Während der Frauenfußball gerade in England und Frankreich zu Beginn des 20. Jahrhunderts überaus beliebt war, wurde er in Deutschland teils erbittert bekämpft. Deutsche Ärzte warnten davor, dass der angeblich so empfindliche weibliche Körper den hohen Belastungen durch den Fußball nicht gewachsen sei.

Sepp Herberger, Trainer der deutschen Weltmeistermannschaft von 1954, stellte klipp und klar fest: *»Fußball ist keine Sportart, die für Frauen geeignet ist, eben schon deshalb, weil er ein Kampfsport ist.«*

Und **Gerd Müller**, der beste deutsche Torjäger aller Zeiten, schlug in dieselbe Kerbe: *»Frauen sollten lieber kochen statt kicken.«*

So dachten damals viele. Fußball galt einfach als unweiblich und die Frauen sollten aus eigenem Interesse davon abgehalten werden.

Weil die fußballbegeisterten Mädchen und Frauen das aber nicht einsahen und munter weiterkickten, kam es 1955 gar zu einem offiziellen Verbot des Frauenfußballs durch den Deutschen Fußballbund. Die Begründung der Funktionäre: *»Im Kampf um den Ball verschwindet die weibliche Anmut, Körper und Seele erleiden unweigerlich Schaden, und das Zurschaustellen des Körpers verletzt Schicklichkeit und Anstand.«*

Doch das Verbot nutzte nicht viel. Überall im Land traten die Frauen weiterhin gegen den Ball und ließen sich auch nicht entmutigen, wenn die Polizei sie von den Fußballplätzen verscheuchte. Manchmal gründeten sie eigene Vereine, die sie zur Tarnung »Alte Herren« oder so ähnlich nannten.

Am 16. März 1957 kam es auf dem Grün des Münchner Dante-Stadions zu einem inoffiziellen Länderspiel einer bundesdeutschen Frauenauswahl gegen Kickerinnen aus den Niederlanden. Das Interesse an diesem Match war riesengroß. 18 000 Menschen strömten in das kleine Stadion. Die deutschen Fußballfrauen gewannen das »verbotene Spiel« mit 4 : 2, was auch in der Presse viel Beachtung fand.

Es dauerte aber noch bis zum Jahr 1970, ehe das Frauenfußballverbot vom DFB wieder aufgehoben wurde. Allerdings galten erst einmal andere Regeln als bei den Männern: Die Spiele dauerten nur zweimal 35 Minuten, das Spielfeld war kleiner, gespielt wurde mit einem Jugendball, Stollenschuhe waren verboten, und absichtliches Handspiel war ausdrücklich erlaubt, damit sich die »Damen« vor schmerzhaften Begegnungen mit dem Ball schützen konnten.

Die Zeit der Diskriminierung war damit aber noch längst nicht vorbei. Man kann sich heute kaum noch vorstellen, mit welcher Geringschätzung, Häme und Überheblichkeit männliche Sportreporter über den Frauenfußball berichtet haben.

Hören wir uns einmal Wim Thoelke an, der am 28. März 1970 ein Frauenfußballspiel im Aktuellen Sportstudio folgendermaßen kommentierte: *»Da hat Mutter eine wunderbare Flanke nach halblinks gegeben«,* lobte er ein gelungenes Zuspiel, um sofort zu mahnen: *»Laufen, Erna! Aber die Erna ist nicht flink genug.«* Als eine Torhüterin im Dreck landete, spottete er: *»Die brauchen sich gar nicht aufzuregen, die Zu-*

schauer, die Frauen waschen ihre Trikots doch selber.« Und natürlich hatte Thoelke auch praktische Tipps zur Hand, was das Zweikampfverhalten anging: *»Decken, decken! Nicht Tisch decken! Richtig, Mann decken! So ist's recht!«* *

Das erste Länderspiel einer deutschen Frauennationalmannschaft ließ allerdings noch 12 Jahre auf sich warten. 1982 besiegte die deutsche Elf die Schweiz in Koblenz mit 5 : 1.

1980/81 durften die Frauen erstmals den DFB-Pokal ausspielen, 1990 wurde die Frauen-Bundesliga eingeführt. Das peinliche Verhalten des Deutschen Fußball-Bunds war damit aber immer noch nicht vorbei:

1986 wurde die Trikotwerbung im Frauenfußball verboten. Offizieller Wortlaut des DFB: *»Aufgrund der Verzerrungen durch die Anatomie kamen wir zu dem Entschluss, dass durch Werbung im Brustbereich der Trikots keine neuen Einnahmequellen für den Damenfußball liquiiert werden können.«* **

** Man merkt dieser gewundenen und umständlichen Formulierung an, dass ihre Erfinder schon wussten, was sie da für einen Blödsinn verzapfen. Sie hätten es ja auch einfacher sagen können: »Weil Frauen einen Busen haben, kann man die Trikotwerbung nicht richtig erkennen und damit kein Geld verdienen.« Dann hätte man den Quatsch zumindest besser verstanden.

1989 fand die Europameisterschaft der Frauen in Deutschland statt und die deutschen Spielerinnen holten zum vierten Mal den Titel. Als »Siegprämie« bekamen sie vom DFB ein Kaffeeservice und ein Bügelbrett geschenkt.

Die deutschen Männer erhielten für ihren WM-Sieg ein Jahr später je 64 000 Euro – was für eine unfassbare Ungerechtigkeit, die in Deutschland vor 35 Jahren aber vollkommen normal war.

Glücklicherweise hat der Frauenfußball in den letzten Jahren mächtig aufgeholt. Dennoch bleibt viel zu tun und wirklich gerecht geht es immer noch nicht zu.

Über eine Million Mädchen und Frauen kicken hierzulande in Vereinen, und die Profi-Spielerinnen haben inzwischen eine Popularität erreicht, die noch vor wenigen Jahren undenkbar schien. Dennoch sind sie von den märchenhaften Gehältern und dem Luxusleben ihrer männlichen Kollegen weit entfernt. So müssen viele von ihnen neben dem Fußball einem zweiten Beruf nachgehen, um finanziell über die Runden zu kommen.

Doch der Ruf nach gleicher Bezahlung (»Equal Pay«) wird auch in Deutschland immer lauter. In den USA, Spanien und Norwegen ist sie bereits Realität und auch die FIFA hat für 2026/27 gleiche Prämien als Ziel ausgegeben.

Noch einmal zum Vergleich: Die DFB-Frauen hätten für den Titel bei der EM 2022 in England 60 000 Euro pro Spielerin bekommen – die Männer bei der EM im Jahr zuvor 400 000 Euro, also fast sieben Mal so viel.

»Sie machen das Gleiche wie wir Männer, sie trainieren genauso hart wie wir, sie sind genauso ehrgeizig wie wir und bringen so viel Leidenschaft in dieses Spiel, aber sie haben sehr viel weniger Geld.«

Miroslav Klose über die Bezahlung im Frauenfußball

Seit Januar 2024 ist die ehemalige Nationalspielerin Nia Künzer die erste DFB-Sportdirektorin für den Frauenfußball. Als Spielerin hatte sie einst im WM-Finale 2003 gegen Schweden das Golden Goal zum Weltmeistertitel erzielt. Jetzt soll sie als neue starke Frau beim DFB dafür sorgen, dass der deutsche Frauenfußball auch künftig Erfolge feiern kann.

Es scheint sich also endlich was zu tun in Sachen Gleichberechtigung. Wird aber auch Zeit!

Wem gehört der Fußball?

Eigentlich sollte man glauben, dass Fußball ein gerechtes Spiel ist. Schließlich gibt es einen Schiedsrichter und feste Regeln, die für Chancengleichheit sorgen sollen.

Doch bei näherer Betrachtung steckt der Fußball voller Ungerechtigkeiten – im Großen wie im Kleinen.

Zu den kleinen Ungerechtigkeiten gehören Schüsse, die am Innenpfosten landen oder von der Torlinie gekratzt werden. Unvorhergesehene Verletzungen, die das eine oder andere Team schwächen. Plötzliche Gewitter, die das Spielfeld unter Wasser setzen und keine richtigen Kombinationen mehr zulassen. Heftiger Gegenwind in der zweiten Halbzeit. Fehlentscheidungen des Schiedsrichters, die das Ergebnis beeinflussen.*

* Zu einer krassen Ungerechtigkeit kam es im Achtelfinale der WM 2010 zwischen Deutschland und England in Südafrika. Der schussgewaltige englische Mittelfeldspieler Frank Lampard hatte von der Strafraumgrenze abgezogen. Der Ball prallte von der Latte deutlich hinter die Torlinie und von dort aus wieder an die Latte, ehe sich der deutsche Keeper Manuel Neuer das Spielgerät sichern konnte. Millionen von Fernsehzuschauern sahen, wie klar der Ball im Tor gewesen war. Doch der uruguayische Schiedsrichter gab den Treffer nicht. Am Ende gewann Deutschland mit 4 : 1. Hätte Lampards regulärer Treffer zum 2 : 2 gezählt, wäre das Spiel vielleicht ganz anders ausgegangen.

Man kann davon ausgehen, dass sich diese »Ungerechtigkeiten«, die auch mit Glück und Pech* beziehungsweise mit dem Zufall zu tun haben, im Laufe der Zeit ausgleichen.

Doch es gibt auch große Ungerechtigkeiten rund um den Fußball, die ganz andere Fragen aufwerfen:

- ⚽ Warum verdienen manche Fußballer eigentlich Millionen, während ein Friseur oder eine Krankenpflegerin kaum genug Geld zum Leben haben?

- ⚽ Warum werden Klubs, die jetzt schon in Geld schwimmen, immer reicher und andere immer ärmer?

- ⚽ Warum werden Mädchen- und Frauenteams in den Vereinen benachteiligt, wenn es um die Ausrüstung sowie um Trainingsplätze und -zeiten geht?

- ⚽ Warum durfte die WM 2022 in Katar stattfinden – einem Land, in dem die Menschenrechte mit Füßen getreten werden? In dem Homosexuelle als Verbrecher gelten und Frauen teils wie Menschen zweiter Klasse behandelt werden? In dem Hunderte von Arbeitern beim Bau der Stadien ums Leben kamen?

Viele beklagen, dass der internationale Fußball zu einem gigantischen Geschäft geworden ist, bei dem es nur noch ums Geld geht. Die Champions League wird seit Jahren von denselben Teams dominiert, die eben das meiste Geld haben, um sich die besten Spieler und Trainer zu kaufen. Und wenn man mal schaut, woher das Geld kommt, wird's richtig unfair beziehungsweise unsportlich:

⚽ **Manchester City** gehört im Prinzip **Scheich** Mansour bin Zayed Al Nahyan, einem Mitglied der arabischen Königsfamilie von Abu Dhabi.

⚽ Langjähriger Besitzer des **FC Chelsea** war der russisch-israelische Geschäftsmann Roman Abramowitsch, der als einer der reichsten Männer der Welt gilt.

- ⚽ **Inter Mailand** befindet sich größtenteils im Besitz von Zhang Jindong, einem steinreichen chinesischen Unternehmer.

- ⚽ Der **FC Arsenal** gehört dem amerikanischen Multimilliardär Stan Kroenke, ebenfalls einem der reichsten Männer auf diesem Planeten.

- ⚽ Und **Paris Saint-Germain** ist quasi das Spielzeug des unermesslich reichen Staats Katar, der seit 2012 über eine Milliarde Euro für Superstars wie Zlatan Ibrahimović, Neymar, Kylian Mbappé oder Messi ausgegeben hat.*

* In Deutschland ist es übrigens verboten, dass eine Person oder eine Firma einen ganzen Klub übernimmt.

Dass man sich Erfolg nicht immer kaufen kann, zeigt das Beispiel von Paris Saint-Germain. Obwohl der Klub gigantische Summen für neue Spieler ausgegeben hat, ist es ihm bis heute nicht gelungen, die Champions League zu gewinnen. Am dichtesten dran war er am 23. August 2020, als Paris Saint-Germain unter Trainer Thomas Tuchel sein bislang einziges Finale bestritt. Doch die Franzosen verloren in Lissabon gegen den FC Bayern mit 0 : 1.

»Ein Verein gehört nicht einem Menschen – er gehört den Menschen und Mitgliedern, die sich mit ihm identifizieren.«

Christian Streich als Trainer des SC Freiburg

Doch auch die Vormachtstellung der superreichen europäischen Klubs wie Real Madrid oder Manchester City ist in Gefahr, weil viele Stars wie Cristiano Ronaldo, Karim Benzema, Neymar oder Sadio Mané neuerdings nach Saudi-Arabien wechseln, um dort noch mehr Geld zu verdienen als bei ihren alten Vereinen. 2023 kickten bereits acht der zehn bestverdienenden Fußballprofis in Saudi-Arabien.

Es gibt keine einfachen Antworten

Du merkst schon, bei den großen Diskussionen über Gerechtigkeit im Fußball geht es meistens ums Geld. Und natürlich ist es leicht, sich über Ungerechtigkeiten aufzuregen, aber viel schwieriger, konkrete Lösung zu finden, um den Fußball ein wenig gerechter zu machen.

Nur ein Beispiel: Seit Jahren wird in Deutschland darüber gestritten, wie das Geld verteilt werden soll, welches die Bundesligateams für die Übertragungen im Fernsehen bekommen. Man kann sich natürlich auf den Standpunkt stellen, dass alle gleich viel bekommen sollten, weil das doch das Gerechteste wäre, oder?

Man kann auch der Meinung sein, dass die ärmeren Klubs mehr Geld als die reicheren bekommen sollten, damit die Reichen nicht immer reicher und die Armen nicht immer ärmer werden.

Man kann aber auch argumentieren, dass die erfolgreichsten Vereine wie Bayern München, Borussia Dortmund oder RB Leipzig das meiste Geld kriegen sollten, damit sie in der Champions League überhaupt noch eine Chance gegen die Klubs haben, die sich von steinreichen Firmen oder Personen finanzieren lassen.

Ich finde, man kann in dieser Frage aus guten Gründen verschiedener Meinung sein, und zum Fairplay-Gedanken gehört es ja auch, die Meinungen anderer zu respektieren. Vor allem, wenn es um komplizierte Fragen geht, auf die es keine einfachen Antworten gibt.

Natürlich werden viele jetzt sagen, dass man an diesen Ungerechtigkeiten ja sowieso nichts ändern kann. Weil wir überhaupt keinen Einfluss darauf haben, welcher Spieler nach Saudi-Arabien wechselt, wo die nächste WM stattfindet oder ob sich irgendein Superreicher einen Fußballklub kauft.

Einerseits stimmt das natürlich. Man kann die Sache aber auch so sehen: Ohne uns Fußballfans würde es diesen großen weltweiten Fußballzirkus nicht geben. Das ganze System

> Überleg dir einfach selbst, was dir am Fußball wichtig ist oder was für eine Art Fan du sein willst.
> Ob es dir genügt, dass dein Lieblingsteam gewinnt – egal unter welchen Umständen.
> Oder ob du dich auch für das Drumherum interessierst – für all die Dinge eben, die mit Fairness und Chancengleichheit zu tun haben.

funktioniert nur, solange sich Leute wie du und ich nicht irgendwann ein anderes Hobby suchen. Solange wir weiterhin den Fernseher einschalten, ins Stadion gehen und uns Fanartikel kaufen.

Wie gefährlich es für die großen Klubs ist, sich mit ihren eigenen Fans anzulegen, zeigt folgende wahre Geschichte:

Die Super League

Am 28. April 2021 verbreitete sich die Nachricht von einer neuen europäischen Liga wie ein Lauffeuer. Viele Fußballfans konnten es einfach nicht glauben: Immer mehr Top-Vereine bestätigten an diesem Tag, dass sie eine eigene Liga gründen wollten, die Super League heißen sollte.

Dazu gehörten die größten und legendärsten Vereine aus Spanien, England und Italien. Der FC Barcelona, Real Madrid und Atlético Madrid waren dabei. Aus England wollten gleich sechs Klubs mitmachen: Manchester City und Manchester United, der FC Chelsea, Arsenal London, Tottenham Hotspur und der FC Liverpool. Außerdem erklärten die italienischen Klubs aus Mailand, Inter und AC sowie Juventus Turin ihre Teilnahme.

Schon in der nächsten Saison wollten sie nicht mehr wie bisher in der Champions League antreten, sondern ihren eigenen Pokal ausspielen. Eine große US-amerikanische Bank sollte die Super League finanzieren, darauf hatte man sich hinter den Kulissen schon geeinigt.

Der größte Skandal bestand allerdings darin, dass sich keiner dieser Klubs sportlich qualifizieren musste. Welchen Platz man am Ende der Saison in der heimischen Liga belegte, war egal. Man war ja sowieso »super« und würde mit dem Geld der US-Bank noch reicher werden als zuvor.

Doch die geldgierigen Klubs hatten nicht mit der Wut ihrer eigenen Anhänger gerechnet. Gerade in England kam es zu Proteststürmen der Fans, die das Gefühl hatten, dass endgültig eine Grenze überschritten war – die Grenze des Anstands, der Aufrichtigkeit und Chancengleichheit, mit einem Wort: des Fairplays.

Die Klubs behaupteten, dass sie das alles für die Fans täten. Dass der Fußball in der neuen Superliga noch viel toller, atemberaubender und attraktiver werden würde. Doch die Fans hatten nicht die geringste Lust darauf, in Zukunft immer nur dieselben Duelle der selbst ernannten Superklubs zu erleben. Für ewig und alle Zeiten nur noch Real gegen Juve, Barca gegen Inter, City gegen Real, Atlético gegen Liverpool, Chelsea gegen Real, Juve gegen Inter, City gegen Barca …

Es war diese Mischung aus Verlogenheit und Gier, die Fans in ganz Europa auf die Palme brachte.

Erboste Anhänger belagerten die Stadien und Geschäftsstellen der englischen Klubs und hängten Protestplakate auf. Die Fans des FC Chelsea hielten den Mannschaftsbus ihres Teams an und stellten die Verantwortlichen zur Rede.

Die UEFA kündigte erbitterten Widerstand gegen die Super League an, und Borussia Dortmund, Bayern München und Paris Saint-Germain, die ebenfalls einen Startplatz bekommen hätten, erklärten in seltener Einmütigkeit, für die neue Liga nicht zur Verfügung zu stehen.

Daraufhin wurden die Pläne für die neue Eliteliga der Superreichen auf Eis gelegt. Nur 48 Stunden nach der großspurigen Verkündung fiel die selbst ernannte Revolution von Real, Chelsea, Juventus und Co. in sich zusammen.

Diese Geschichte zeigt, dass der normale Fußballfan längst nicht so machtlos ist, wie manche glauben. Wir können etwas ändern, wenn wir uns zusammenschließen und gegen Ungerechtigkeiten protestieren – nicht nur gegen die kleinen, sondern auch gegen die großen.

Das wohl berühmteste Beispiel für Bodenständigkeit und Bescheidenheit in der Geschichte des deutschen Fußballs lieferte Uwe Seeler:

Seeler, besser bekannt als »Uns Uwe«, war einer der besten Mittelstürmer aller Zeiten und auch einer der treusten. Während seiner gesamten Karriere spielte der gebürtige Hamburger für den HSV und erzielte in 476 Liga-Spielen 404 Tore. 1961 bekam er ein Millionenangebot von Inter Mailand. 1,2 Millionen DM hätte Seeler für einen Vereinswechsel kassiert – damals eine schwindelerregend hohe Summe.

Der berühmte Inter-Trainer Helenio Herrera kam persönlich nach Hamburg und verhandelte drei Tage lang mit dem Spieler in einem Hamburger Hotel. Als Uwe Seeler schließlich ablehnte, war Herrera fassungslos. Noch nie, erklärte er, habe ein Spieler auf so viel Geld verzichtet. Dass Uwe Seeler seinem HSV damals die Treue hielt, machte ihn vor allem in seiner Heimatstadt endgültig zum Idol und Volkshelden.

»Wer weiß, ob ich glücklich geworden wäre«, sagte Seeler im Nachhinein. »Mehr als ein Steak am Tag kann man nicht essen.* Und wenn ich heute Bilanz ziehe, war diese Entscheidung goldrichtig.«

* Apropos Steak: Die Fußballstars von heute kehren gerne im Restaurant *Nusr-Et* von Instagram-Star Nusret Gökce in Dubai ein. Dort kann man zum Preis von etwa 1000 Euro ein mit Blattgold überzogenes Steak essen. Neben Cristiano Ronaldo zählten schon Lionel Messi, Luka Modrić, Frank Ribéry und Robert Lewandowski zu Gökces Kunden. Uwe Seeler hätte nur den Kopf geschüttelt.

Zitate

»Das Allerschönste ist es, stinknormal zu sein.«

Uwe Seeler

»Wenn ich irgendwo im Fußball nicht spielen möchten, spiele ich
da nicht. Da kann ein Vertrag aussehen, wie er will. Ganz generell
fühle ich mich im Fußballgeschäft manchmal wie in einem modernen
Menschenhandel. Doch am Ende entscheide immer noch ich.«

Christoph Kramer, Borussia Mönchengladbach

»Dieser Wechsel war nicht das, was ich wollte. Ich wollte
nicht aus Barcelona weggehen. Es ist von einem Tag auf den
anderen passiert.«

Lionel Messi über seinen Transfer vom FC Barcelona
zu Paris Saint-Germain

»So ist Fußball. Manchmal ist er unfair.«

Casemiro

»Ein normales Foul ist für mich nicht unfair.«

Uwe Seeler

»Er muss ja nicht unbedingt dahin laufen, wo ich hingrätsche.«

Neven Subotić, ehemaliger serbischer Fußballer

»Fußball ist ein Ergebnisspiel, da muss man auch mal unfair sein.«

Arne Friedrich, früherer Nationalspieler

*»Hass gehört nicht ins Stadion. Solche Gefühle soll man gemeinsam
mit seiner Frau daheim im Wohnzimmer ausleben.«*

Berti Vogts, ehemaliger Bundestrainer

*»Fußball ist ein Teamsport, kein Sport für Einzelgänger.
Wir gewinnen als Team, und jeder Einzelne ist besser, wenn
er Teil eines Teams ist.«*

Fernando Torres, 110-facher spanischer Nationalspieler

»Das einzige Tier bei uns zu Hause bin ich.«

Oliver Kahn, früherer Weltklassetorwart

»Seht euch meine Frisur an. Ich bin zum Krieg bereit.«

Trainer José Mourinho

Wusstest du schon, dass ...

... der belgische Schiedsrichter **John Langenus** vor dem Anpfiff des ersten WM-Endspiels 1930 zwischen Uruguay und Argentinien eine Leibesvisitation der Zuschauer anordnete? Vielleicht keine schlechte Idee. Es wurden 1600 Schusswaffen sichergestellt.

... während desselben Endspiels zwei verschiedene Bälle benutzt wurden, weil sich die Mannschaften vor dem Spiel nicht auf einen gemeinsamen Spielball einigen konnten? So kam in der ersten Halbzeit ein argentinischer und in der zweiten ein uruguayischer Ball zum Einsatz. Der schwerere Ball aus Uruguay brachte schließlich die Wende zugunsten des Gastgebers.

Der uruguayische Siegtorschütze zum 4 : 2, **Héctor Castro**, hatte als 13-Jähriger infolge eines Unfalls übrigens seinen rechten Unterarm verloren und wurde als Stürmerstar *El divino manco* (»Der göttliche Einarmige«) genannt.

… auch **Philipp Lahm** beim Eröffnungsspiel der WM 2006 in Deutschland gehandicapt ins Spiel gehen musste? Er trug eine Armmanschette, nachdem er sich eine Ellbogenverletzung zugezogen hatte. Doch diese Manschette hinderte den Weltklasseverteidiger nicht daran, ein Traumtor zum 4 : 2-Endstand zu schießen. Es war der schönste Treffer seiner Karriere.

… Gastgeber Brasilien bei der WM 1950 im eigenen Land die schlimmste Niederlage seiner Geschichte hinnehmen musste? Nach der 1 : 2-Niederlage gegen Uruguay herrschte unter den 200 000 Zuschauern im brandneuen Maracanã-Stadion lähmendes Entsetzen. Ein Zuschauer stürzte sich vom Oberrang aus in den Tod, drei weitere erlitten einen Herzinfarkt. Der brasilianische Trainer **Flávio Costa** musste in Frauenkleidern aus dem Stadion flüchten.

Ähnlich schlimm war vermutlich nur die 1 : 7-Niederlage gegen Deutschland im Halbfinale der WM 2014, das im Mineirão-Stadion in Belo Horizonte stattfand. Seitdem benutzen die Brasilianer den Ausdruck »Tor für Deutschland« auch im Alltag, wenn ihnen ein Missgeschick passiert.

… sich der legendäre deutsche Torhüter **Bernhard Carl »Bert« Trautmann** beim englischen FA-Cupfinale 1956 fast tödlich verletzt hätte? Der Keeper von Manchester City kollidierte in der 75. Minute mit dem Knie eines Stürmers von Birmingham City. Weil damals noch keine Auswechslungen erlaubt waren, musste er noch eine Viertelstunde durchhalten und rettete seinem Team durch eine Reihe großartiger Paraden den Pokalsieg. Drei Tage später stellte sich heraus, dass er sich das Genick gebrochen und wie durch ein Wunder überlebt hatte.

… im Finale der Weltmeisterschaft 1966 im Londoner Wembley-Stadion eines der umstrittensten Tore der Fußballgeschichte fiel? Der englische Stürmer **Geoffrey Hurst** hämmerte den Ball in der 101. Spielminute an die Unterkante der Latte. Von dort prallte er senkrecht nach unten, ehe er von einem deutschen Stürmer ins Aus befördert wurde. Tor oder kein Tor? Engländer und Deutsche streiten noch heute darüber. Der Schweizer Schiedsrichter erkannte den Treffer an.

Dass die siegreichen Engländer schließlich den WM-Pokal aus den Händen der Queen empfangen durften, hatten sie auch einem Hund namens Pickles zu verdanken. Der fand ihn nämlich in einem Londoner Park wieder, nachdem er vier Monate vor Turnierbeginn gestohlen worden war.

… der als Gentleman bekannte englische Fußballstar **Bobby Moore** unmittelbar vor der WM 1970 vier Tage lang unter Hausarrest stand? Man hatte ihn in Bogotá, der Hauptstadt von Kolumbien, festgenommen. Der Vorwurf: Er habe eine Woche zuvor, als die Engländer ein Testspiel in Bogotá absolvierten, in einem Schmuckgeschäft ein wertvolles Smaragd-Armband gestohlen. Die Verkäuferin sagte aus, sie habe gesehen, wie Moore sich das Armband in die Jackentasche gesteckt hätte. Das Problem daran: Moores Jacke hatte gar keine Taschen. Die Verkäuferin gab schließlich zu, vom Ladenbesitzer zu der Falschaussage angestiftet worden zu sein – vermutlich, um von Moore Schadensersatz fordern zu können. Nach vier Tagen war der Kapitän der englischen Nationalmannschaft wieder ein freier Mann und konnte an der WM in Mexiko teilnehmen.

… dass der grandiose 7 : 1-Kantersieg von Borussia Mönchengladbach gegen Inter Mailand im Oktober 1971 annulliert wurde, weil ein Inter-Verteidiger angeblich von einer Coladose am Kopf getroffen wurde? Nach einem 2 : 4 in Mailand und einem 0 : 0 im Wiederholungsspiel schied die Borussia aus. Leider gibt es von diesem legendären Skandalspiel keine Fernsehaufzeichnung. Die Coladose befindet sich heute im Vereinsmuseum von Borussia Mönchengladbach.

… ein deutsches Länderspiel als »Schande von Gijón« in die Fußballgeschichte eingegangen ist? Bei der WM 1982 führte Deutschland im letzten Gruppenspiel gegen Österreich nach zehn Minuten mit 1 : 0. Beide Mannschaften wussten, dass ihnen dieses Ergebnis zum Weiterkommen reichen würde. Also passierte auf dem Feld rein gar nichts mehr. 80 Minuten lang schoben beide Teams lustlos den Ball hin und her und warteten nur noch auf den Schlusspfiff. Die Zuschauer stimmten ein wütendes Pfeifkonzert an und wedelten mit Geldscheinen. Der deutsche TV-Kommentator Eberhard Stanjek stellte aus Protest seine Arbeit ein.

Als Konsequenz aus diesem unwürdigen Schauspiel beschloss die FIFA, die letzten Gruppenspiele bei Weltmeisterschaften in Zukunft zeitgleich auszutragen.

… **Thomas Helmer**, ehemaliger Verteidiger des FC Bayern, im Spiel gegen den 1. FC Nürnberg ein sogenanntes Phantom-Tor erzielte? Aus dem Gewühl heraus stocherte er den Ball in Richtung Nürnberger Tor.

Der Ball rollte am Pfosten vorbei, doch Schiedsrichter Osmers entschied zur Überraschung aller Beteiligten auf Tor.

Das Spiel wurde im Nachhinein für ungültig erklärt und neu angesetzt. Diesmal gewannen die Bayern mit 5 : 0 und die Nürnberger stiegen auch wegen dieser Niederlage in die zweite Liga ab.

… **Agim Shabani**, ehemals Verteidiger des norwegischen Pokalsiegers Fredrikstad FK, das Kunststück gelang, innerhalb von vier Tagen dreimal vom Platz gestellt zu werden? Zunächst sah er wegen einer Notbremse im Ligaspiel bei Strømgodset IF Rot. Am nächsten Tag, einem Montag, flog Shabani bei einer Partie gegen FF Lillehammer wegen Handspiels im Strafraum vom Platz. Der Höhepunkt der Rot-Serie ereignete sich am Mittwoch, als der Profi in der dritten Pokalrunde gegen Nybergsund IL nach wiederholtem Foulspiel Gelb-Rot sah.

… der schottische Zweitligaspieler **Andy McLaren** vom FC Dundee den Rekord für die meisten Roten Karten in einem Spiel hält? Im Dezember 2006 wurde er beim Auswärtsspiel in Clyde in der 87. Minute wegen eines Foulspiels vorzeitig zum Duschen geschickt. Auf dem Weg in die Katakomben schlug der wütende »Rotsünder« seinem Gegenspieler ins Gesicht. Der später über diesen Vorfall informierte Schiedsrichter zitierte McLaren in seine Kabine und zeigte ihm nachträglich eine weitere Rote Karte. Daraufhin platzte dem Spieler endgültig der Kragen und er trat kurzerhand ein Loch in die Kabinentür. Der Schiedsrichter »revanchierte« sich mit dem dritten Platzverweis.

… auch Schiedsrichter gefährlich leben?

Herbert Fandel, im Hauptberuf Pianist, leitete am 2. Juni 2007 das EM-Qualifikationsspiel zwischen Dänemark und Schweden. Nachdem er den dänischen Spieler Christian Poulsen in der 89. Minute wegen einer Tätlichkeit vom Platz gestellt und auf Elfmeter für Schweden entschieden hatte, wurde er von einem aufgebrachten dänischen Fan attackiert und geschlagen. Daraufhin brach er das Spiel ab.

Auch der schwedische Schiedsrichter **Anders Frisk** brach eine Partie vorzeitig ab, nachdem er in der Halbzeitpause von einem Gegenstand wie einem Feuerzeug oder einer Münze am Kopf getroffen wurde.

Es war das Champions-League-Spiel zwischen dem AS Rom und Dynamo Kiew. Als wütende Chelsea-Fans ihn ein Jahr später für die 1 : 2-Niederlage gegen Barcelona verantwortlich machten, kam es zu Morddrohungen gegen ihn und seine Familie. Frisk beendete daraufhin sofort seine Schiedsrichterkarriere.

Nach einem Qualifikationsspiel für die Fußball-EM 2004 zwischen Rumänien und Dänemark wurde der Schweizer Referee **Urs Meier** von rumänischen Hexen verflucht – er hatte fünf Minuten nachspielen lassen, in denen die Dänen das entscheidende Tor erzielten. Doch es kam noch schlimmer: Beim Viertelfinale der Fußball-EM 2004 zwischen England und Portugal annullierte er in der 89. Minute ein Tor des Engländers Sol Campbell. England verlor das Spiel im Elfmeterschießen und schied aus. Nachdem britische Boulevardzeitungen seine E-Mail-Adresse veröffentlicht hatten, erhielt auch er Morddrohungen und über 16 000 Protestmails. Noch im Dezember desselben Jahres trat er aus Altersgründen zurück.

Der deutsche Schiedsrichter **Wolfgang Stark** brachte nicht nur ein ganzes Land gegen sich auf, sondern löste sogar eine diplomatische Krise zwischen zwei Staaten aus. Während des Halbfinals der U20-Weltmeisterschaft 2007 in Toronto zwischen Argentinien und Chile zückte er insgesamt sieben Gelbe Karten und stellte zwei Chilenen vom Platz. Die waren nach dem Spiel so frustriert, dass sie ihm persönlich an die Gurgel wollten. Ihre Fans warfen mit allerlei Gegenständen. Daraufhin griff die kanadische Polizei mit Gummiknüppeln und Tränengas ein. Fast die gesamte chilenische Nationalmannschaft wurde vorübergehend festgenommen. Chile reagierte mit einer offiziellen Protestnote des Außenministers an die kanadische Regierung. Für Chiles Nationaltrainer stand der Sündenbock fest: *»Der Schiedsrichter trägt die Schuld.«*

... der ehemalige deutsche Schiedsrichter **Robert Hoyzer** einen der größten Wettskandale des deutschen Fußballs auslöste? Für 67000 Euro und einen Plasmafernseher manipulierte er mehrere Spiele der 2. Bundesliga, des DFB-Pokals und der Regionalliga, auf die seine Mittäter zuvor Geld gesetzt hatten. Hoyzer gab schließlich zu, die Spiele verschoben zu haben, und wurde zu einer Haftstrafe von zwei Jahren und fünf Monaten verurteilt.

Wir sind
schwarz – rot – bunt

Es könnte bei der EM 2024* in Deutschland der entscheidende Spielzug werden: **Antonio Rüdiger** fängt an der Strafraumgrenze den Ball ab, passt weiter zu **İlkay Gündoğan**, der sich mit einer eleganten Drehung von seinem Gegenspieler befreit, einen Doppelpass mit **Jamal Musiala** spielt und **Leroy Sané** auf der linken Seite bedient. Sané dringt in den Strafraum ein, geht bis zur Grundlinie durch und schiebt den Ball in die Mitte, wo **Serge Gnabry** per Direktabnahme ins Tor trifft.

Nichts Ungewöhnliches, denkt man zunächst. Erst auf den zwei-

> * Bei der Europameisterschaft 2024 in Deutschland wird der 113-fache Nationalspieler und Weltmeister von 2014 **Philipp Lahm** Turnierdirektor sein. Und er hat sich in punkto Fairness und Gerechtigkeit viel vorgenommen: *»Weltoffen, voller Vielfalt und Toleranz«*, so stellt er sich das Turnier vor. Außerdem soll dem Umwelt- und Klimaschutz viel mehr Beachtung geschenkt werden als bei früheren Turnieren. Die Teams sollen möglichst nah an den Spielstätten wohnen, damit sie nicht das Flugzeug nehmen müssen, und die Zuschauer sollen in den letzten 48 Stunden vor einem Match kostenlos mit öffentlichen Verkehrsmitteln anreisen können.

ten Blick fällt auf, dass alle genannten Spieler einen Migrationshintergrund haben. Die familiären Wurzeln der heutigen DFB-Kicker reichen nach Sierra Leone (Antonio Rüdiger), Burundi (Thilo Kehrer), Polen und Nigeria (Jamal Musiala), in die Elfenbeinküste (Serge Gnabry und Jonathan Tah), Türkei (İlkay Gündoğan und Emre Can), nach Ghana (Benjamin Henrichs) und in den Senegal (Leroy Sané).

Diese Vielfalt ist ein Spiegelbild der deutschen Gesellschaft. Schließlich hat jeder fünfte Einwohner in Deutschland ausländische Wurzeln.

»Spieler mit Eltern anderer Nationen bereichern uns«, sagt der ehemalige deutsche Teammanager Oliver Bierhoff. »Sie bringen andere Charaktere, anderen Spielwitz und eine andere Lebensphilosophie mit ein.«

Im französischen Weltmeisterteam von 2018 hatten sage und schreibe 19 Spieler einen Migrationshintergrund.

»Ich habe in meinem Leben mehr Zeit in Spanien als in der Türkei verbracht – bin ich dann ein deutsch-türkischer Spanier oder ein spanischer Deutsch-Türke? Warum denken wir immer so in Grenzen? Ich will als Fußballer gemessen werden – und Fußball ist international, das hat nichts mit den Wurzeln der Familie zu tun.«

Mesut Özil, 92 Länderspiele für Deutschland

Der alltägliche Rassismus in unseren Stadien

Vielleicht erinnerst du dich noch an die Beispielgeschichte des Jungen im Stadion und an die Rassismus-Definition zu Beginn dieses Buches: **Menschen aufgrund ihrer Herkunft, ihres Aussehens, ihres Namens oder ihrer Kultur abzuwerten und zu beleidigen, ist RASSISMUS.**

Leider gehören Affenlaute gegenüber dunkelhäutigen Spielern und andere Beleidigungen immer noch zum Alltag in deutschen Stadien. Der ehemalige Welttorhüter Oliver Kahn wurde während seiner Karriere übrigens oft mit Bananen beworfen, obwohl er nicht mal dunkelhäutig ist. So wollten die gegnerischen Fans offenbar zeigen, dass sie ihn für ein wildes Tier hielten, einen Affen – keinen Menschen.

Und so, wie sich Kahn eines Tages einfach eine Banane in seinem Strafraum schnappte und aufaß, so wehren sich heute immer mehr beleidigte Spieler und gehen in die Offensive.

Der Hass im Internet

Doch nicht nur im Stadion selbst, sondern vor allem im Internet schlägt unseren Fußballern oft reiner Hass entgegen. Die Kommentarspalten ihrer Accounts quellen regelrecht über vor Beleidigungen und Beschimpfungen bis hin zu Morddrohungen.

Ex-Arsenal-Star Thierry Henry zog sich komplett aus dem Internet zurück, und im März 2023 lasen die FC-Bayern-Spieler Thomas Müller, Leroy Sané und Leon Goretzka in einem Video echte Hasskommentare aus ihren Internet-Accounts vor, um auf das Problem aufmerksam zu machen. Hier nur ein kleiner Ausschnitt:

»Möge euer Team-Bus brennen, ihr Versager!«
»Halt besser dein unqualifiziertes Maul!«
»Was ist mit Deutschland los? Alle Spieler sind schwarz.«
»Früher war es Mia San Mia, heute nur noch Ausländer.«
»Ich spucke auf euch, ihr Missgeburten.«

Die Sätze, die die drei Nationalspieler in dem Clip vorlesen, sind primitiv und schockierend. Manche Wörter mussten gar mit einem Piepton übertönt werden.

FIFA-Studie: Zwei Spiele, 400 000 Beleidigungen

Vor Kurzem hat der Fußball-Weltverband FIFA untersucht, wie viele Hasskommentare anlässlich eines einzelnen Spiels im Netz auftauchen. Genauer gesagt, waren es zwei Spiele, die ausgewertet wurden – die Finalspiele der Europameisterschaft 2020 und des Afrika-Cups.

Alleine im Zusammenhang mit diesen beiden Spielen gab es über 400 000 Beleidigungen, die sich gegen die meisten der eingesetzten Spieler richteten. Und der Großteil dieser Beleidigungen war eindeutig homophob, also schwulenfeindlich, oder rassistisch.

> *»Wenn wir gewinnen, sind wir alle Deutsche. Und wenn wir verlieren, kommen diese Affenkommentare.«*
>
> Das sagte der 19-jährige Dortmunder Stürmer
> Youssoufa Moukoko, nachdem er bei der U-21-EM
> im Spiel gegen Israel einen Elfmeter verschossen hatte
> und daraufhin im Internet wüst beschimpft wurde.

Auch Mathys Tel, französisches Sturmtalent im Dienste von Bayern München, sah sich im Internet einem rassistischen Shitstorm ausgesetzt, nachdem er im Supercup-Finale gegen RB-Leipzig mehrere Großchancen nicht genutzt hatte. Die Drohungen und Beleidigungen arteten so aus, dass sich Tel veranlasst sah, die Kommentar-Funktion seines Instagram-Accounts zu deaktivieren.

Rassistische Vorfälle im Fußball sind leider so verbreitet, dass man ein eigenes Buch darüber schreiben könnte. Hier kommen ein paar bekannte Beispiele, die sich in den letzten Jahren zugetragen haben:

Januar 2013: Der gebürtiger Berliner und ghanaische Nationalspieler Kevin-Prince Boateng bestreitet mit seinem Club AC Mailand ein Testspiel gegen Aurora Pro Patria. Nachdem er und seine dunkelhäutigen Teamkollegen mehrfach von gegnerischen Fans rassistisch beleidigt werden, führt er seine Mannschaft nach 26 Minuten vom Feld. Der Schiedsrichter bricht das Spiel daraufhin ab. Boateng bekommt in der Presse und in den sozialen Netzwerken viel Anerkennung für diese Aktion.

Mai 2013: Die Milan-Spieler Mario Balotelli und Kevin-Prince Boateng müssen sich beim Auswärtsspiel beim AS Rom immer wieder rassistische Sprechchöre anhören. Das Spiel wird zeitweise unterbrochen, der AS Rom mit einer Geldstrafe von 50 000 Euro belegt. Viel zu wenig, finden viele.

Oktober 2013: Nach rassistischen Attacken gegen Kapitän Yaya Touré beim Champions-League-Spiel in Moskau beschwert sich Manchester City offiziell bei der UEFA. Bereits während des Spiels hatte der wütende Touré beim Schiedsrichter gegen die Affenlaute und Beschimpfungen aus dem Publikum protestiert. Doch der Unparteiische denkt nicht daran, das Spiel zu unterbrechen, sondern nimmt den Vorfall später nur in den Spielbericht auf, was ihm heftige Kritik einbringt. ZSKA Moskau musste daraufhin bei seinem nächsten Heimspiel auf einen Teil seiner Zuschauer verzichten.

Oktober 2019: Beim EM-Qualifikationsspiel zwischen England und Bulgarien in Sofia kommt es immer wieder zu rassistischen Vorfällen. Zwei Mal unterbricht der Schiedsrichter die Partie, was jedoch nichts bewirkt. Schließlich wird das Match zu Ende gespielt und die Engländer »rächen« sich auf ihre Weise: Sie gewinnen mit 6 : 0.

November 2019: Der ehemalige brasilianische Nationalspieler Taison vom russischen Champions-League-Team Schachtjor Donezk muss im Duell mit Dynamo Kiew rassistische Beleidigungen hinnehmen. Als er den Fans den Mittelfinger zeigt und den Ball wütend auf die Tribüne schießt, erhält er die Rote Karte und verlässt unter Tränen das Spielfeld. Dynamo-Spieler trösten ihn.

»*Rassismus ist eine Schande*«, erklärte Donezk-Trainer Luís Castro nach dem Spiel. »*Wir müssen ihn gemeinsam bekämpfen, jede Minute und jede Sekunde.*«

November 2019: Mario Balotelli von Brescia Calcio hallen beim Auswärtsspiel in Verona Affenlaute und rassistische Beleidigungen entgegen. In der zweiten Halbzeit wird es ihm zu viel: Er nimmt den Ball in die Hände und schießt ihn in Richtung der gegnerischen Fans auf die Tribüne. Anschließend können ihn seine Mitspieler nur mit Mühe davon abhalten, das Feld zu verlassen.

Februar 2020: Nach Beleidigungen und Affenlauten gegen FC-Porto-Spieler Moussa Marega schaltet sich sogar der portugiesische Ministerpräsident António Costa ein: *»Kein Mensch sollte einer solchen Erniedrigung ausgesetzt werden«,* schreibt der Regierungschef auf Twitter.

Wenige Minuten nach seinem Siegtor zum 2 : 1 gegen Vitória Guimarães hatte Marega wütend das Spielfeld verlassen. Später werden seine Mitspieler dafür kritisiert, sich ihm nicht angeschlossen zu haben.

Februar 2020: DFB-Pokalspiel FC Schalke 04 gegen Hertha BSC. Immer wieder sind Affenlaute zu hören, die sich eindeutig gegen Hertha-Profi Jordan Torunarigha richten. Schalkes Siegtorschütze Raman berichtet später, Torunarigha habe auf dem Platz geweint und wollte aufhören. *»Ich habe ihm Mut zugesprochen und gesagt, dass er weitermachen soll.«*
Hertha Verteidiger Niklas Stark nach dem Spiel: *»Da müssen wir als Mannschaft, als Verein, eigentlich die ganze Bundesliga hinter ihm stehen!«*

Juli 2021: Während eines Testspiels der deutschen Olympia-Auswahl im japanischen Wakayama wird erneut DFB-Verteidiger Jordan Torunarigha rassistisch beleidigt. Das Spiel findet unter Ausschluss der Öffentlichkeit statt. Dennoch verlässt das deutsche Team fünf Minuten vor Spielende unter Protesten das Feld.

September 2021: Auch beim WM-Qualifikationsspiel zwischen Ungarn und England in Budapest sind wiederholt Affenlaute im Stadion zu hören, die sich gegen Jude Bellingham und Raheem

Sterling richten. Schon vor dem Spiel war vor dem Rassismus einiger ungarischer Fans gewarnt worden. *»Wir können den Hass nicht siegen lassen«*, twittert Bellingham nach dem Match.

Dezember 2021: Die Drittligapartie zwischen dem MSV Duisburg und dem VFL Osnabrück wird zunächst unterbrochen und schließlich ganz abgebrochen. Grund dafür sind rassistische Beleidigungen gegen den VFL-Profi Aaron Opoku. Ein Großteil der Zuschauer solidarisiert sich mit Opoku. Referee Winter erhält für seine Entscheidung viel Lob.

Juli 2023: Bei der Partie FC Valencia gegen Real Madrid kommt es zu wiederholten Beleidigungen gegen den brasilianischen Nationalspieler Vinícius Júnior. Später erhebt der Real-Stürmer schwere Vorwürfe gegen die gesamte Liga: *»Es war weder das erste noch das zweite noch das dritte Mal. Rassismus ist in La Liga normal. Die Konkurrenz hält es für normal, der Verband auch und die Gegner ermutigen es.«*

Gegen den FC Valencia wurde eine Geldstrafe von 45 000 Euro verhängt. Außerdem durften für fünf Spiele keine Zuschauer auf die Südtribüne des Mestalla-Stadions.

August 2023: Nachdem das Pokalspiel des Drittligisten Hallescher FC gegen Greuther Fürth von rassistischen Rufen gegen den Fürther Stürmer Julian Green überschattet wird, gibt der Fürther Trainer Alexander Zorniger auf der Pressekonferenz nach der Partie ein bemerkenswertes Statement ab: »*Das Stadion war zu 95 Prozent ausverkauft. Da hat jeder gehört, was der andere gesagt hat. Wenn dann jemand das dritte oder vierte Mal ›Affe‹ zu einem Spieler sagt, dann muss ich sagen: ›Halt die Klappe! Ich kann's nicht mehr hören‹*«, so Zorniger. »*Ich kann mir einfach nicht vorstellen, dass wir, egal wo – ob in Fürth, Nürnberg oder Rostock –, tatsächlich noch in einer Zeit leben, wo irgendeiner denkt, er sei mehr wert als ein anderer.*«

Arthur Friedenreich

Du hast noch nie von Arthur Friedenreich gehört? Mach dir nichts draus, denn damit bist du nicht allein. Selbst die größten Fußballkenner runzeln die Stirn, wenn sie diesen Namen hören, und fragen: »Arthur wer?«

Arthur Friedenreich war nicht mehr und nicht weniger als einer der größten Fußballer aller Zeiten. Er war der erste Superstar des brasilianischen Fußballs und hat laut FIFA-Statistik in 1239 Spielen 1329 Tore geschossen – mehr als der große Pelé.

Ehrlich?

Ehrlich!

Aber der Reihe nach: Arthurs Vater, Oskar Friedenreich, war ein Sohn deutscher Auswanderer, von denen es damals, vor über 100 Jahren, viele nach Brasilien zog. Ein anderer dieser Auswanderer war der Hamburger Fußballer Hans Nobiling, der in seiner neuen Heimat den Sport Club Germânia São Paulo gründete.

Fußball war in Brasilien damals ein Sport der weißen Oberschicht. So genoss Arthur als Sohn eines Deutschen viele Vorteile, doch Mitglied beim neu gegründeten deutschen Fußballklub in São Paulo durfte er trotzdem nicht werden, denn seine Mutter war eine brasilianische Wäscherin mit afrikanischen Wurzeln. Somit galt Arthur als »Mischlingskind«, und der Verein musste im Jahr 1909 extra seine Aufnahmeregeln ändern, damit der talentierte Junge das Trikot des SC Germânia überstreifen durfte.

Doch seine dunkle Hautfarbe war weiterhin ein Problem für ihn. Um so auszusehen wie seine Mitspieler hellte Arthur seine Haut mit Reismehl auf und glättete seine krausen Locken mit Pomade. Manchmal trug er beim Kicken sogar ein Haarnetz.

Er tat das auch, um den ständigen unfairen Attacken seiner Gegenspieler zu entgehen. Viele Schiedsrichter waren damals rassistisch eingestellt und pfiffen Fouls an dunkelhäutigen Spielern grundsätzlich nicht.

Doch der hochbegabte Arthur ließ sich die Freude am Kicken nicht nehmen – im Gegenteil. Um sich den Angreifern zu entziehen, ent-

wickelte er seine blitzschnellen und geschmeidigen Bewegungen. Mit seiner Leichtfüßigkeit und Eleganz, seinen unzähligen Tricks und Finten, ließ er die hellhäutigen Jungs oft plump und unbeholfen aussehen.

Außerdem legte er sich eine ganz neue Schusstechnik zu, an der die Torhüter bald verzweifeln sollten – den angeschnittenen Ball.[*]

Obwohl Arthur als Nicht-Weißer galt, wurde er 1914 in die brasilianische Nationalmannschaft aufgenommen. So ein Ausnahmetalent wollte sich der brasilianische Verband nicht entgehen lassen. Erst ab 1918 konnten auch schwarze Brasilianer offiziell Nationalspieler werden.

> [*] Arthur Friedenreich gilt bis heute als Erfinder des Effetschusses und der Bananenflanke.

Am 21. Juli 1914 bestritt er in Rio sein erstes Länderspiel gegen den englischen Klub Exter City FC, bei dem ihm zwei Zähne ausgeschlagen wurden.

Auf einer Europatournee 1925 war Arthur der uneingeschränkte Star des brasilianischen Teams von Athletico Paulistano, das seine Gegner reihenweise an die Wand spielte. Das musste auch die französische Nationalmannschaft erfahren, die mit 2 : 7 unterging. Die französische Presse kürte ihn anschließend zum *Roi du Football* – zum König des Fußballs. In seiner Heimat trug er längst den Künstlernamen *Pé de Ouro* – Goldfuß. Und in Uruguay wird er bis heute als *El tigre* – der Tiger – verehrt.

Sieben Mal gewann er die Staatsmeisterschaft von São Paulo und wurde neun Mal Torschützenkönig der sogenannten Liga Paulista. Eine brasilianische Liga, die das ganze Land umfasste, wurde erst 1971 eingeführt.

1919 und 1922 gewann er mit Brasilien den neu gegründeten Wettbewerb *Campeonato Sudamericano* – die erste offizielle Südamerika-Meisterschaft.

Doch es liegt ein Schatten auf seiner Nationalmannschaftskarriere: So konnte er an der ersten Weltmeisterschaft 1930 in Uruguay nicht teilnehmen, weil alle Spieler aus São Paulo wegen eines Streits mit dem Verband ausgeschlossen worden waren. Und bei der zweiten WM 1934 war Arthur Friedenreich mit seinen 42 Jahren bereits zu alt.

So blieb es ihm, dem ersten »König des Fußballs« verwehrt, bei einer Weltmeisterschaft zu spielen.

Was bleibt, ist die Erinnerung an eines der größten Genies der Fußballgeschichte, das sich über alle Widerstände hinwegsetzte und das begründete, was man heute in Brasilien als *Joga Bonito* bezeichnet – das schöne Spiel.

Teste dein Fußballwissen

Hier kommen ein paar Fußballfragen, mit denen du dein Experten-wissen prüfen kannst. Kleiner Tipp: Wenn du aufmerksam gelesen hast, wird dir das bei vielen Antworten eine Hilfe sein. Und im Übrigen gilt das alte olympische Fairplay-Motto: Dabei sein ist alles.

Frage 1: Welche Mannschaft erhielt den Fair-Play-Preis der Saison 2022/23?

    a) Borussia Dortmund

    b) Werder Bremen

    c) Die deutsche Nationalmannschaft

    d) Union Berlin

Frage 2: Welcher englische Klub gehörte dem russisch-israelischen Geschäftsmann Roman Abramowitsch?

    a) Manchester City   c) Manchester United

    b) FC Chelsea   d) FC Liverpool

Frage 3: Welcher Stürmer hält mit 16 Treffern den alleinigen Torrekord bei Fußball-Weltmeisterschaften?

    a) Cristiano Ronaldo   c) Miroslav Klose

    b) Lionel Messi   d) Diego Maradona

Frage 4: Welcher Torwart ist mit dem »Zettel-Trick« in die Fußballgeschichte eingegangen?

    a) Gianluigi Buffon   c) Oliver Kahn

    b) Jens Lehmann   d) Iker Casillas

Frage 5: Welche Fußballregel wurde 1896 in Deutschland eingeführt?

    a) Der Torwart muss eine Mütze tragen.

    b) Das Spielfeld muss frei von Bäumen und Sträuchern sein.

    c) Man darf ab sofort mit zwei Bällen spielen.

    d) Bei Blitzschlag muss das Spiel sofort abgebrochen werden.

Frage 6: Welcher Spieler gilt als Erfinder des Effetschusses, also des angeschnittenen Balls?

    a) Manuel Neuer

    b) Arthur Friedenreich

    c) Diego Maradona

    d) Thomas Müller

Frage 7: Welcher Klub verweigerte von Anfang an die Mitgliedschaft in der geplanten Super League?

    a) Borussia Dortmund

    b) Atlético Madrid

    c) Inter Mailand

    d) Tottenham Hotspur

Frage 8: Welcher deutsche Nationalspieler hat familiäre Wurzeln in Polen und Nigeria?

    a) Serge Gnabry

    b) Thomas Müller

    c) Jamal Musiala

    d) Emre Can

Frage 9: Welche Nation gilt als »Mutterland des Fußballs«?

    a) Deutschland   c) Brasilien

    b) Italien   d) England

Frage 10: Warum wurde 1986 die Trikotwerbung im Frauenfußball verboten?

a) Weil Trikotwerbung auch bei den Männern verboten war.

b) Weil man sich beim DFB nicht auf einen Werbepartner einigen konnte.

c) Weil man beim DFB glaubte, dass man die Werbung nicht erkennen könnte.

d) Weil die Nationalspielerinnen selbst darum gebeten hatten, keine Werbung machen zu müssen.

Frage 11: Welcher Fußballer sagte: »Mehr als ein Steak am Tag kann ich nicht essen.«

a) Karim Benzema

b) Erling Haaland

c) Uwe Seeler

d) Niklas Süle

Frage 12: Wer ist der einzige Trainer, dem es viermal gelang, mit seinem Team die Champions League zu gewinnen?

a) Pep Guardiola

b) Carlo Ancelotti

c) Jupp Heynckes

d) Jürgen Klopp

Frage 13: Wie heißt das legendäre Stadion in Rio de Janeiro, in dem Deutschland 2014 Weltmeister wurde?

    a) Aztekenstadion

    b) Berliner Olympiastadion

    c) Camp Nou

    d) Maracanã

Frage 14: Wie heißt das berühmteste Biss-Opfer des uruguayischen Stürmerstars Luis Suárez?

    a) Harry Kane

    b) Hansi Flick

    c) Mohamed Salah

    d) Giorgio Chiellini

Frage 15: Woher weiß man, dass schon die Neandertaler Fußball gespielt haben?

    a) Weil es damals die ersten Fernsehübertragungen aus dem Neandertal gab.

    b) Weil man eine lederummantelte Kugel aus der Zeit der Neandertaler gefunden hat.

    c) Weil man die Überreste eines alten Stadions entdeckt hat.

    d) Weil der FC Neandertal der erste Klub von Uwe Seeler war.

Lösungen
zum Fußball-Quiz

Frage 1: d) Union Berlin. Das Team wurde dafür geehrt, einem verletzten Fotografen während des Spiels gegen Schalke 04 uneigennützig zu Hilfe geeilt zur sein. (Siehe S. 26)

Frage 2: b) Im Jahr 2003 kaufte Roman Abramowitsch den FC Chelsea für eine Summe von 210 Millionen Euro. Sein größter Erfolg als Vereinsbesitzer war der Champions-League-Sieg 2012 gegen den FC Bayern München. (Siehe S. 65)

Frage 3: c) Den alleinigen Torrekord bei Fußball-Weltmeisterschaften hält mit 16 Treffern Miroslav Klose. Sein letztes WM-Tor schoss er im Halbfinale der WM 2014 gegen Brasilien. Vorher hatte er gleichauf mit dem Brasilianer Ronaldo gelegen. (Siehe S. 18)

Frage 4: b) Jens Lehmann wird für alle Zeit mit dem »Zettel-Trick« in Verbindung gebracht werden. Allerdings ärgerte sich Lehmann darüber, dass Torwarttrainer Andreas Köpke die Stichworte mit Bleistift notiert hatte, sodass sie fast unleserlich waren. (Siehe S. 17)

Frage 5: b) Das Spielfeld musste von diesem Zeitpunkt an tatsächlich »frei von Bäumen und Sträuchern« sein, was als Jenaer Fußballregel in die Annalen eingegangen ist. Man fragt sich zwangsläufig, wie denn vorher gespielt wurde. Haben die Kicker im Slalom Büsche und Bäume umkurvt? Man kann es sich kaum vorstellen. (Siehe S. 49)

Frage 6: b) Arthur Friedenreich, der erste Superstar des brasilianischen Fußballs, gilt als der Erfinder des Effetschusses und der Bananenflanke. (Siehe S. 103)

Frage 7: a) Borussia Dortmund gehörte neben Bayern München und Paris Saint-Germain zu den Vereinen, die die geplante Super League von Anfang an ablehnten. (Siehe S. 71)

Frage 8: c) Die Mutter von Jamal Musiala ist Deutsche mit polnischen Wurzeln, sein Vater stammt aus Nigeria. Obwohl er seine Jugend in England verbrachte und schon als 13-Jähriger in die englische

115

U-15-Nationalmannschaft berufen wurde, entschied er sich im Februar 2021, in Zukunft nur noch für Deutschland zu spielen. (Siehe S. 90)

Frage 9: d) England gilt als Mutterland des Fußballs, weil hier die Regeln geschaffen wurden, nach denen wir großteils noch heute Fußball spielen. Weltmeister war England erst ein einziges Mal (1966) und damit weit weniger erfolgreich als Brasilien (fünf Titel) oder Deutschland und Italien (je vier Titel). (Siehe S. 45)

Frage 10: c) Beim DFB glaubte man, dass die Werbung auf den Trikots der Frauen nicht richtig zu erkennen sei. (Siehe S. 58)

Frage 11: c) Uwe Seeler ist für diesen sympathischen Satz bekannt geworden. (Siehe S. 72)

Frage 12: b) Carlo Ancelotti ist der einzige Trainer (Siehe S. 26.), der vier Mal die Champions League gewinnen konnte: 2003 und 2007 mit dem AC Mailand, 2014 und 2022 mit Real Madrid.

Auch als Spieler war Ancelotti überaus erfolgreich. Der Mittelfeldspieler wurde mit Italien WM-Dritter 1990, mit dem AS Rom italienischer Meister und gewann mit dem AC Mailand zweimal den Europapokal der Landesmeister, den Vorläufer der heutigen Champions League. (Siehe S. 27)

Frage 13: d) Das Finale der WM 2014 zwischen Deutschland und Argentinien (1 : 0) fand im legendären Maracanã-Stadion von Rio de Janeiro statt. Die Arena war für die brasilianische Heim-WM 1950 gebaut worden und mit einer Kapazität von 200 000 Zuschauern damals das größte Stadion der Welt. Nach mehreren Umbauten bietet es heute knapp 80 000 Menschen Platz. (Siehe S. 80)

Frage 14: d) Das dritte und berühmteste Bissopfer von Suárez war die italienische Abwehrlegende Giorgio Chiellini. Nachdem ihm Suárez bei der WM 2014 von hinten seine Zähne in die Schulter geschlagen hatte, hielt Chiellini den Gebissabdruck des Uruguayers demonstrativ in die Kamera.

Der Wiederholungstäter wurde daraufhin von der FIFA für vier Monate und zusätzlich neun Länderspiele gesperrt und musste eine Geldstrafe von 100 000 Schweizer Franken zahlen. (Siehe S. 32)

Frage 15: b) Bei archäologischen Grabungen im Jahr 2006 fand man eine lederummantelte Kugel aus der Zeit der Neandertaler, die von diesen nachweislich mit Füßen getreten wurde. Die Wiege des Fußballs liegt demzufolge womöglich im Neandertal bei Düsseldorf. Inzwischen ist eine Rekonstruktion des prähistorischen Fußballs angefertigt worden, mit dem Besucher des Neandertal-Museums sogar auf eine Felltorwand schießen können. (Siehe S. 40)

Der Autor

Knut Krüger arbeitete nach seinem Germanistik-studium im Buchhandel und Verlagswesen. Heute ist er Autor und Übersetzer. Am liebsten widmet sich der Fußballexperte aber dem runden Leder. So hat er als »Italiener« bei der Mini-WM 1974 angeblich zwei Tore gegen »Argentinien« geschossen, was aber – trotz hartnäckiger Recherche – nicht bestätigt werden konnte.

Der Illustrator

Timo Grubing studierte Illustration an der FH Münster und lebt seit seinem Diplom 2007 wieder in seiner Geburtsstadt Bochum. Als freier Illustrator ist er in den verschiedensten Bereichen tätig: Er bebildert Kinderbücher, Schulbücher und Spiele und arbeitet regelmäßig für Magazine und Agenturen.

Thomas Eglinski/Sebastian Raß/Marius Dordowsky/Andreas Wittke

Deine Fußballschule –
So wirst du zum Profi

128 Seiten, ISBN 978-3-570-17736-5

Träumst du auch davon, Fußballstar zu werden?

Dann ist »Deine Fußballschule« genau das Richtige für dich. Denn es kommt im Fußball nicht nur auf dein Talent an, auch Technik, Athletik und mentale Stärke spielen eine große Rolle und können trainiert werden. Dieses Buch zeigt dir, was und wie du in welchem Umfang trainieren musst, um dir einen Vorsprung zu verschaffen. Die Übungen und Trainingseinheiten helfen dir dabei, dich zu verbessern und für die Bundesliga zu rüsten. Sie sind so konzipiert, dass du sie alleine oder zu zweit durchführen kannst. Über eingebettete QR-Codes steht jede Übung auch als Video bereit. Glaub an dich, denn du kannst es schaffen!

www.cbj-verlag.de

THiLO
Die Fußball-Tornados

1:0 für Jonas!
Band 1, 128 Seiten, ISBN 978-3-570-17732-7

Trainer gesucht!
Band 2, 120 Seiten, ISBN 978-3-570-17733-4

Eine eigene Liga
Band 3, 128 Seiten, ISBN 978-3-570-17786-0

Spiel, Platz und Sieg
Band 4, 128 Seiten, ISBN 978-3-570-17900-0

Jonas geht in die vierte Klasse einer Berliner Grundschule. Hier lebt und lernt eine bunte Mischung der Nationen. Das sorgt für jede Menge Konfliktstoff und oft gibt es Streit. Jonas nervt das total. Er will, dass seine Klasse eine echte Gemeinschaft wird. Ein Thema gibt es, das sie alle verbindet: Fußball. Zusammen mit seinem Freund Kalil gründet Jonas kurzerhand einen eigenen Fußballverein, in dem jeder mitmachen darf. Und um ihr erstes Spiel zu gewinnen, müssen alle Kicker der Klasse wie eine Eins zusammenstehen!

www.cbj-verlag.de